동아시아 신안보질서와
우리의 전략

동아시아 신안보질서와 우리의 전략

초판 1쇄 인쇄 | 2019년 2월 18일
초판 1쇄 발행 | 2019년 2월 20일

지은이 평화재단

펴낸이 | 김정숙
기획 | 유미경
편집 | 박형준 이정민
디자인 | 조완철
마케팅 | 박영준
인쇄제작 | 금강인쇄

펴낸곳 | 정토출판
등록 | 1996년 5월 17일(제22-1008호)
주소 | 서울시 서초구 효령로51길 7 정토회관
전화 | 02-587-8991
전송 | 02-6442-8993
이메일 | book@jungto.org

ISBN | 979-11-87297-20-8 03340

평재리는 정토출판의 평화, 생명, 역사분야 브랜드입니다.

동아시아 신안보질서와 우리의 전략

평화재단 엮음

평재리

차례

들어가며

남기정 서울대학교 일본연구소 교수

들어가며

1. 동아시아 신안보질서를 상상한다

이 책은 '동아시아 신안보질서와 평화공동체'를 주제로 2018년 7월 6일부터 10월 17일까지 평화재단에서 실시한 세미나를 정리하여 엮은 것이다. 그 동안 조한범(통일연구원), 동용승(굿파머스연구소), 이혜정(중앙대학교), 김지운(충남대학교), 남기정(서울대학교), 고상두(연세대학교), 이재현(아산정책연구원), 조은정(국가안보전략연구원) 등의 연구자들이 발제자로 참가했고, 평화재단 관계자들이 토론자로 참가했다.

세미나가 시작된 것은 6월 12일 싱가포르에서 개최된 북미정상회담 이후 한반도 평화프로세스가 불가역의 영역에 들어서는 시점이었다. 평화재단에서는 가속도가 붙은 한반도 평화프로세스가 필연적으로 동아시아 안보질서의 총체적 변화를 견인하게 될 것이라는 전망 아래, 어떤 신안보질서를 어떻게 만들어가야 하는지 관련 연구자들과 고민을 공유해 보고자 했다.

2018년은 동아시아 역사의 흐름을 크게 바꾼 특별한 해로 세계사에 기록될 것이다. 평창에서 시작된 평화가 한반도에 새로운 미래를 열어 놓았고, 나아가 동아시아에 새로운 미래로 진입하는 길을 마련하고 있다. 2017년 한반도의 모든 생명체는 일촉즉발의 전쟁 위기를 숨죽여 견디고 있었다. 그 위기의 최전선에 놓였던 남북의 두 지도자는 죽음의 질서를 넘어서 생명의 질서를 새로 만드는 작업에 뛰어들었다.

한반도 평화프로세스의 개시는 분명 한반도에 사는 모든 생명들에게 천재일우의 기회이다. 그러나 이러한 전개는 분단된 한반도의 현상을 유지함으로써 이익을 얻고 있던 사람들과 주변국들에게는 현상 변경의 위기를 의미한다. 2018년에 시작된 변화의 기운을 지속가능한 것으로 만들기 위해서는 현상 변경을 위기로 보았던 이들이 이를 이익으로 간주할 수 있도록 만들어야 한다. 관계하는 모든 주체가 이익을 공유하는 일군의 집합을 우리는 공동체로 부른다. 한반도 평화프로세스의 지속가능성은 동아시아에 평화의 공동체를 건설하는 데에서 마련될 수 있다. 따라서 중단되었던 동아시아 공동체 재건축이 한반도 평화프로세스 성공의 열쇠이다.

2. 동아시아 신안보질서란 무엇인가

동아시아 신안보질서는 이 지역에 평화공동체를 창출하고 유지하게 하는 제도적 기반이다. 한반도 평화프로세스의 전개가 바로 평화공동체 창출의 신안보질서로 이어지리라는 보장은 없다. 한반도에서의 현상 변경이 주변국의 안보 위기감을 고조시켜, 이를 관리하려는 강대국들이 동맹 강화에 나서 냉전질서가 부활하거나(신 냉전질서), 독자적 패권을 추구할(제국질서) 가능성이 있기 때문이다.

그렇다면, 신안보질서는 어떤 점에서 새로운 것인가? 먼저, 신안보질서는 분리에서 연결로, 대립에서 협력으로의 변화를 특징으로 한다. 동아시아 신안보질서는 진영 대립의 동맹질서를 해체하고 만들어지는 협력적 공동안보의 질서이다. 그것은 한반도 수준의 정전협정 체제와 동아시아 수준의 샌프란시스코 체제가 해체되는 것을 의미한다. 샌프란시스코 체제에서는 영토문제, 배상문제, 과거사문제 등이 온존되었다. 이러한 전후처리의 불안정성이 대결적인 안보질서를 형성하는 하나의 원인이 되었다. 그로부터 한국전쟁이 발발했으며, 한국전쟁 발발 이후 만들어진 정전협정

체제가 샌프란시스코 체제의 불안정성을 재생산하고 있었다. 신안보질서는 샌프란시스코 체제의 해체 이후 만들어질 협력적 안보질서이다.

둘째로 그것은 양자간 협력에서 다자간 협력으로의 변화를 내용으로 한다. 진영 대립의 구질서는 미일동맹과 한미동맹 등 양자 안보협력관계를 미국이 중심이 되어 네트워크로 엮어서 북중러에 대립하는 질서였다. 이것이 냉전질서이며 북중러의 삼각안보협력에 한미일이 삼각안보협력을 형성하여 대립한 것이 기존의 안보질서였다. 신안보질서는 대립의 전선이던 남북이 연결됨으로써, 이 전선을 무너뜨리는 다양한 조합의 양자관계가 복잡하게 얽히게 되었다. 다양한 조합의 양자 협의가 소다자간, 다자간 협의의 틀을 활성화하고 있고, 다자간 협의의 틀을 이용해서 다시 양자간 협의가 중첩되고 있다.

셋째, 동아시아 신안보질서는 안보와 경제의 상관관계를 동시 병행적인 과제로 간주한다. 즉 경제적 상호의존의 증대가 자연히 공동체의 형성을 가져오는 것이 아니라, 신안보질서를 매개로 해서 구성원이 안보위협을 공동으로 관리하는 가운데 공동체가 형성된다는 믿음을 제도로 구현한 것이다. 동아시아 공동체 구축을 위한 노력은 1998년에 시작되어 이미 20년의 역사를 지니고 있다. 그러나 이는 북한 핵 문제가 심각해지면서 2005년을 전후로 좌절

됐다. 국경을 초월하는 경제활동이 자연스럽게 지역을 통합해 나갈 것이라는 믿음은 여기에서 무너졌다. 동아시아 공동체 구축은 경제논리에 맡겨서 가능한 것이 아니라 정치군사적 노력이 동반되어야 할 문제라는 것이 확인되었다.

우리가 새로운 질서를 신평화질서가 아니라 신안보질서로 부르는 것은 위와 같은 특징들을 의식하기 때문이다. 그런 의미에서 새로운 것은 안보의 내용이 아니라 질서의 내용이다. 즉 '새로울 신新'은 '안보'가 아니라 '질서'를 수식한다. 우리가 신안보질서를 논의할 때, 문제로 삼는 것은 '신안보'가 아니라 '신질서'인 것이다. 그래서 우리가 다루는 것은 환경, 에너지, 질병, 해난사고 등의 연성안보나 인간안보가 아니라 핵을 포함한 군사안보이다. 다시 말하면, 우리가 동아시아 신안보질서를 이야기할 때, 이는 북한의 핵과 미사일 등을 직접적인 협상의 대상으로 하여 만들어가는 군사안보의 새로운 질서를 말한다.

3. 책의 구성

이 책은 2018년 남북 화해협력의 진전에 이어 2019년을 동아시아 신안보질서 구축의 원년으로 만들기 위해, 그 고민과 노력을 독자들과 공유하기 위해 만들었다. 집필자들은 각자의 전문 영역에서,

동북아 신안보질서 구축을 위해 어떤 그림을 그리고 어떤 점에 유념해야 하며, 무엇을 극복해야하는지 고민을 풀어내고자 했다.

이 책은 크게 세 부분으로 구성된다. 동아시아 신안보질서가 대립에서 협력으로, 양자에서 다자로의 변화, 그리고 안보와 경제의 중첩을 특징으로 한다면, 그에 대한 상상은 한반도 비핵화 및 평화체제 구축, 그리고 남북한 경제공동체의 출현 가능성을 전망하는 것으로부터 시작될 수 있다. 1장과 2장은 이에 대한 현 상황을 확인하고 비전을 제시하며, 이를 위해 우리 정부가 챙겨야 할 일을 제언하고 있다. 다음으로 3장부터 7장까지는 한반도 평화프로세스에서 동아시아 신안보질서로 나가는 데 이 지역의 국가들에게 기대되는 역할과 이를 이끌어 내기 위해 우리 정부가 해야 할 일, 할 수 있는 일들에 대해 언급하고 있다. 마지막으로 8장은 동아시아 신안보질서에 유럽의 경험이 던지는 함의를 유라톰의 역사에서 찾아보는 내용이다.

4. 한반도 비핵화와 평화체제 구축의 전망

먼저 1장에서는 한반도 비핵화와 평화체제 구축의 전망과 과제를 제시하고 있다. 조한범에 따르면 2018년에 한반도에서 일어난 변화가 과거와 달랐던 점은 세 가지다. 첫째는 그 변화가 탑다운 방식으로 일어났다는 것이며, 둘째는 교류협력과 안전보장이 병행 추진되었다는 점이고, 셋째는 남북관계와 북미관계 개선이 병행되었다는 점이다. 특히 2018년에 북한이 실시한 7차례의 한반도 관련 연쇄 정상회담은 복합적이고 중층적인 한반도 문제의 협상을 지속시키는 동력이 되었다. 그 결과 비핵화 협상과 한반도 평화체제 구축이 일정한 진전을 보였고, 그 과정에서 '운전자'로서 한국의 입지가 확보되었다.

반면 '디테일의 악마'도 가시화되었다. 현재 드러난 문제는 비핵화를 둘러싼 북미 간 이견, 그리고 한반도 평화체제 구축 과정에서 중국의 역할과 관련한 것이다. 이 가운데 비핵화 문제와 관련해 조한범은 시퀀스 방식을 제안하고 있다. 이는 북한 핵프로그램을 핵심, 주요, 잔여분야 등 세 부분으로 나눠 비핵화의 절차와 시간표에 합의하고 체제보장과 보상 등 상응조치를 단계적으로 병행하는 방식이다. 또한 중국의 역할에 대해서는 종전선언은 남북-북미의 3자가 중심이 되고, 평화협정은 중국을 포함한 다자방식으로 추진하는 것이 현실적이라고 보고 있다,

종전선언, 평화협정에 이어 다음 과제는 국제적 보장과 공인을 이끌어내는 것이 될 것이다. 따라서 우리 정부는 동북아 6자 보장, 유엔 총회 또는 안보리 결의 수준의 국제적 공인을 거쳐 동북아 다자안보 기구 창설을 장기적 목표로 견지할 필요가 있다. 결국 한반

도 비핵 평화체제 구축과정은 동북아 안보질서를 근본적으로 변화시키게 될 것이다. 우리 정부는 이를 자각하고 '코리아 이니셔티브'를 구현해야 할 것이며, 중요한 것은 한반도 평화지대화의 달성이 목표라는 점이다.

5. 남북 경제협력의 과제와 전망

그렇다면 2018년의 변화가 초래할 근본적인 변화는 무엇인가. 그것은 첫째, 샌프란시스코 체제의 해체가 시작되고, 둘째, 남과 북이 개별적 국가형태를 가지게 되며, 셋째, 북한은 시장이 된다는 것이다. 2장은 이러한 전망에 입각해서 남북 경제협력의 가능성과 우리 정부가 취할 입장과 전략에 대해 제언하고 있다. 동용승에 따르면 한반도 신경제지도 구상이 지난 정부의 대북정책과 다른 근본적인 차이는 평화를 우선하고, 상생의 원칙을 중시하며, 동북아 경제공동체를 지향한다는 점이다. 이 근본적인 차이가 위와 같은 근본적인 변화를 추동하고 있다.

즉 신경제지도 구상이 과거의 대북 경협안과 다른 것은, 첫째, 경제교류로 평화를 만들어가자는 것이 아니라 평화를 만들고 교류협력을 해 나가자는 것이며, 둘째, 북한을 억지로 변화시켜 강제로 통합하는 방식이 아니라 북한 경제의 자생력을 강화하여 북한이 자체적으로 경제발전을 구가할 수 있는 환경을 조성하는 것이고, 셋째, 남북한이 개별 국가 간의 협력 방식으로 통합된 경제를 만들어가는 것으로 동북아 경제공동체를 구축하겠다는 것이다.

문제는 대북제재가 그 입구를 막고 있다는 것인데, 그런 상황에서도 할 수 있는 일, 해야 할 일이 있다. 즉 남북 간의 경제교류를 위한 제도와 시스템의 재구축이다. 북한의 경제발전을 위한 남한의 자본과 노하우는 마중물에 불과한 것이며 북한 경제개발의 주체가 북한이라는 점을 고려하면 무분별한 대북지원은 오히려 독이며 당장 해야 할 일도 아니다.

북한은 포전담당제와 사회주의기업경영책임제로 이미 개혁개방을 개시했지만 북한식 특수성이 해외자본의 유치에 방해가 될 것으로 예상된다. 따라서 개혁개방이 본격화하는 과정에서 북한은 수많은 규제와 비관세장벽을 풀고 사회간접자본을 확충해야 한다. 이러한 상황을 고려하여 동용승은 다음의 6대 남북 경협사업을 제안하고 있다. 그것은 100억 달러 규모의 남북한 통화스왑, 남북한 FTA 체결, 북한 전력공급 정상화 프로젝트, 남북한 고속철 연결 사업, 북한개발 프로젝트를 위한 주식거래소 개설, 스마트 시티 건설 등이다.

6. 트럼프의 미국은 기회인가 도전인가

이와 같이 남북이 실질적 변화를 준비하여 과거와 다른 변화를 이끌어내고 있다고 해도, 그 변화의 속도는 북미관계가, 그 폭은 미중관계가 규정하고 있다. 그러나 그 미국이 모호하다. 트럼프의 등장으로 혼돈에 빠지기 시작한 미국은 기회인가 위협인가? 그것은 트럼프가 누구이며, 미국의 주류가 트럼프를 어떻게 보고 있는가의 문제이다. 제3장에서 이혜정은 트럼프의 미국에 대한 관점 잡기를 시도한다.

미국 주류의 기대와 달리 트럼프는 길들여지지 않고, 공화당의 전통적 의제를 무시하면서 후보자 시절의 정책을 밀고 나가는 모습을 보이고 있다. 우리는 자유무역에 대한 반대, 동맹 무시, 스트롱맨에 대한 동경 등 세 가지 점에서 일관적인 트럼프를 확인할 수 있다. 미국 주류는 자유무역-동맹-자유민주주의의 가치로 이루어진 미국 외교의 삼위일체를 파괴한다고 비판하는 반면, 트럼프 옹호론자들은 보수주의 국제주의가 복원되고 있는 것으로 받아들이고 있다.

그것이 한반도 평화프로세스에 던지는 함의는 미국의 주류가 2018년의 변화를 '규칙기반 자유주의 국제질서'의 파괴로 받아들이는가, 그 확산으로 받아들이는가에 있다. 그러나 문제는 더 근원적인 곳에 있는 것 같다. 이혜정은 '자유주의 국제질서'라는 용어 자체가 아이켄베리John Ikenberry라는 이데올로그가 탈냉전시대 미국의 패권을 포장하는 용어로 발명한 것이며 그 포장을 벗겨버린 트럼프를 미국 주류가 도전으로 받아들이고 있다고 지적했다. 나아가 이혜정은 미국 내 논쟁의 이념적 성격에 대한 천착 없이 한국의 일각에서는 '규칙기반 국제질서'라는 용어를 직수입하여 트럼프의 실패, 나아가 한반도 평화프로세스의 실패를 전망하며 한미동맹이라는 허상에 매달리고 있다고 비판했다. 결국 한국의 보수는 미국의 패권 자체가 깨지고 있는 상황에서 미국 유일주의에 서서 국익을 심각하게 훼손해 왔던 것이다.

한국은 트럼프의 등장으로, 새로운 질서를 만들려는 미국이라는 도전에 더해, 기존 미국 패권의 전통을 파괴하는 트럼프의 미국이라는 두 개의 도전에 직면해 있다. 이런 상황에서 한반도에 평화체제를 구축하려는 우리에게 트럼프는 기회이자 도전이다. 트럼프를 활용해야 하지만 올인해서는 안되며, 트럼프의 변심이나 트럼프 이후의 미국에 대비해야 한다. 그런 한편 기존의 한미전략 동맹의 관성에 편승할 수도 없는 것이 이미 현실이다. 기존의 동맹 계약을 깬 것은 미국이다. 동맹 재조정을 현실로 받아들이고, 경제와 안보, 남북관계와 동북아 지역의 국제관계, 특히 한중관계와 한미관계를 동시에 관리해 나갈 필요가 있다.

7. 중국이 지니는 이중적 의미

트럼프의 미국이 우리에게 기회이자 위협인 것과 마찬가지로 시진핑의 중국도 우리에게 기회이자 위협이다. 김지운은 제4장에서 북중관계와 미중관계를 두 개의 중심축으로 설정하고 한반도 평화체제 구축에서 중국의 위치를 분석하고 전망한다.

한반도에서 중국이 추구하는 국익은 부전不戰, 불란不亂, 무핵无核, 즉 전쟁이 일어나지 말아야 하며, 북한 정권이 붕괴하지 말아야 하며, 비핵화가 실현되어야 한다는 것이다. 즉 현상유지(한반도 평화, 북한의 안정, 미국과의 전략적 균형)와 북한의 비핵화가 중국의 기본 목표다. 그래서 중국에게 북한의 의미는 이중적이다. 북한의 존재 그 자체는 대미 완충지대로서 지정학적 가치를 지니며, 대미 협상의 지레로서 전략적 가치를 지니지만, 북한의 핵은 전략적 부담이자 손실이다. 북한의 핵개발이 미국의 전략무기 배치를 초래하고, 대중 봉쇄전략의 강화로 이어질 수 있기 때문이다.

그런 전략적 고려 속에서 중국은 2017년 이후 대북제재를 강화했다. 중국의 대북 제재는 중국이 트럼프의 미국에 굴복한 결과라기보다는 북한의 불안정과 혼란, 원하지 않는 전쟁으로 인한 중국의 전략적 손실을 예방하기 위한 조치였다. 2017년을 통틀어 북한을 거칠게 다루며 경제제재를 강화하던 중국은 2018년의 한반도 평화프로세스를 배경으로 대북정책을 수정했다. 김지운은 이를 중국이 북한의 대미 경사를 막고 향후 한반도 평화프로세스에서 대미 전략적 이익을 극대화하려는 노력의 결과라고 분석했다. 작년에 북중 정상회담이 세 차례 열렸다는 사실은 북중관계가 한반도 평화프로세스에서 결정적인 의미를 지니게 되었다는 것을 의미한다.

따라서 김지운은 한국이 북미관계에서와 마찬가지로 북중관계에서도 적극적인 역할을 수행하면서 운전자로서 이니셔티브를 발휘해야 한다고 제안한다. 특히 중국이 남북관계 개선에 협력하도록 하기 위해 '차이나 패싱'으로 중국의 소외감을 자극하지 말아야 한다고 주장한다. 김지운은 종전선언에도 중국이 원한다면 열린 자세로 검토할 필요가 있다고 제언하고 있다. 우리가 한반도 평화프로세스에서 '통일'보다는 '평화'와 '번영'의 담론에 중심을 둘 때, 대북 경제제재의 완화 해제가 필수불가결하다는 인식을 한중이 공유할 수 있다. 나아가 다자간 안보협의체 구축을 위해서도 중국은 협력 파트너가 될 수 있는데, 가령 2007년 2·13합의가 제시한 바 있는 '동북아 평화안보체제 실무그룹' 구성을 위해 한중이 함께 노력할 필요가 있다.

8. 일본과 함께 동아시아의 전후를 극복하기 위하여

제5장에서 남기정은 한반도 평화프로세스에서 일본이 지니는 의미와 역할을 분석한다. 일본은 한반도 평화프로세스에 가장 뒤늦게 반응하고 있으며, 때로 남북 화해를 견제하는 듯한 행동으로 한반도 평화체제 구축에 장애처럼 인식되고 있다. 그러나 동북아시아의 역사를 돌아보면, 한반도 평화체제 구축에서 일본은 떼어 놓을 수 없는 행위자이다. 남기정은 우리 정부가 평화헌법 하에서 안보정책에 일정한 제약을 갖고 있는 일본을 중견국 협력의 상대로 삼아 한반도 평화프로세스를 동북아 수준으로 확대 제고하는 외교 구상을 제언하고 있다.

일본은 트럼프 대통령 취임 이후 이른바 '규칙기반 자유주의 국제질서'의 수호자 역할을 자처하며 미일동맹을 중심으로 중국의 군사적 부상과 한반도 정세의 유동화를 제어하여 동북아 국제질서의 현상 유지에 골몰하는 외교 행태를 보여 왔다. 그러나 3월 8일 트럼프 대통령이 김정은 위원장의 정상회담 제안을 수용하고 6월 12일에 북미정상회담이 열리자 한반도 평화프로세스가 촉발한 동북아 국제질서 변환을 위해 준비하는 모습을 보이고 있다. 다만 일본인 납치 문제가 걸림돌이 되어 기존의 대북 압박 일변도 노선에서 쉽게 전환하지 못하는 한계를 보이고 있다. 그럼에도 일본은 북한과 국교정상화를 위한 대화를 재개했다.

한편 일본은 중국의 일대일로 구상에 맞서 인도태평양 전략(또는 구상)을 내걸고 동북아시아의 지역질서 재편에서 이니셔티브를 발휘하려 하고 있다. 당초 인도태평양 전략은 중국을 포위하는 안보전략에 가까운 것이었으나, 작년 이래 중국을 포용하는 경제구상으로 중점이 이동하고 있다. 이러한 변화는 문재인 정부가 구상하는 신남방정책에 유리한 환경이 될 수 있다. 또한 일본의 대러 접근도 영토 반환이라는 정치적 의도에 더해 에너지 환경 협력 등 실용적 목표가 추가되어 실질적 관계 진전의 방향으로 나가고 있다. 환동해권 일본의 지방자치체는 지방소멸의 위기에서 벗어나기 위해 북방으로의 진출을 염두에 두고 지방창생 사업을 벌이고 있다. 이 또한 문재인 정부가 신북방정책을 추진하는 데 충분히 활용할 수 있는 환경을 제공한다.

나아가 북일관계 정상화를 주장해 온 일본의 시민사회는 일본이 일단 대북 접근에 나설 경우 외교적 자산이 될 수 있으며, 전후 일본의 비핵 평화주의는 남북한과 일본 사이에 비핵무기지대조약을 체결할 수 있는 가능성을 보여주고 있다. 이러한 일본을 상대로 우리 정부는 적극적인 외교를 펼칠 필요가 있다.

9. 다자간 안보협력의 옹호자 러시아

한반도에서 군사적 긴장은 남북한 간의 적대감만이 아니라 동북아 갈등구조 속에서 생기는 것이다. 동북아시아는 세력균형에 의한 안보대결 구도가 구조화된 지역이다. 따라서 한반도 평화프로세스는 양자적 대결구도 하에서는 한계를 지닐 수밖에 없다. 우리 정부는 이 구도를 다자적 협력 구도로 변모시켜야 하는 과제를 안고 있다. 이때 주목할 것이 러시아다. 미국과 중국, 일본이 다자주의에 소극적인 반면, 러시아가 이에 가장 적극적이기 때문이다. 제6장에서 고상두는 동아시아 신안보질서 구축에서 러시아에 주목할 이유를 분석하고 있다.

러시아는 소련시절부터 동북아 지역에서 다자간 안보협력체 창설을 주장해 온 나라다. 그 기원은 1969년 6월 브레즈네프 공산당 서기장이 아시아집단안전보장기구 창설을 제안한 데까지 거슬러 올라간다. 탈냉전이 시작된 1986년에는 고르바초프 서기장이 전아시아포럼을 제창했고, 이는 1988년 전아시아안보회의, 1990년에는 아시아안보협력회의 구상으로 발전되어 제시되었다.

고상두는 러시아가 극동지역의 영토적 보장과 안정의 유지 및 개발, 나아가 동북아에서의 영향력 증대 등의 이익을 확보하는 데 관심이 있으며, 이를 다극주의, 다자주의, 지역주의라는 3가지 접근법으로 구현하려 한다는 데 우리 정부가 주목할 것을 요구한다. 러시아가 북한 비핵화 해법으로 제시한 로드맵의 마지막 3단계에 지역평화공동체의 형성을 제시하고 있는 것도 같은 맥락이라는 것이다.

한국은 기존에 형성된 게임규칙 하에 자국 이익을 극대화하는 우위 경쟁 외교보다는, 새로운 이익을 창출하게 해 주는 규범 형성 외교에 보다 더 관심을 쏟고 그런 분야에서 이니셔티브를 발휘할 필요가 있다. 헬싱키 프로세스, 교토협약, 반둥회의 등이 중견국이 국제규범을 창출한 사례들이다.

북한 비핵화 프로세스는 북한의 체제유지를 동시적 목표로 삼아 동북아 평화공동체 구축으로 나가야 할 것이다. 이는 다자간 조약에 의해 제도화될 필요가 있다. 그 출발은 북미 합의이겠으나, 도달점은 다자간 협력체여야 한다. 그 과정에서 우리 정부는 중견국 협력의 핵심 파트너로 러시아에 주목할 필요가 있다. 그런 점에서 신북방정책은 한반도 평화프로세스와 불가분의 관계에 있다.

10. 아세안 끌어안기

신남방정책 또한 한반도 평화프로세스와 정책 방향을 조화시킬 필요가 있다. 즉 한반도 평화에 아세안의 건설적 기여를 이끌기 위한 신남방정책을 추진할 필요가 있다는 것이다. 제7장에서 이재현은 그동안 한국의 아세안에 대한 시각이 도구주의적 관점에서 벗어나지 못했다고 지적하고, 이러한 관점이 바뀌지 않으면 신남방정책 그 자체의 성공은 물론 신남방정책을 통한 한반도 평화건설도 어렵다고 전망한다.

평화와 번영의 한반도로 가는 길에서 아세안의 역할은 단계적으로 달라질 수 있다. 우선 북한의 비핵화 과정에서는 북미 간 대화의 지속을 위한 국제적 여론과 분위기 조성에서 역할을 할 수 있을 것이다. 다음으로 북한이 본격적으로 개혁 개방을 실시하여 정상국가화하는 과정에서 아세안의 역할은 확대될 수 있다. 즉 북한의 개방을 새로운 경제적 기회로 인식한 아세안의 적극적인 대북접근 및 투자가 북한의 개혁개방 과정을 불가역적인 것으로 만들 수 있다. 베트남과 미얀마 등 아세안 국가들이 체제전환하는 과정에서 획득한 노하우는 북한에 구체적이고 적절한 도움이 될 수 있다. 또한 아세안이 체득한 아세안 식 다자외교의 틀들이 북한에게 외교적 무대를 제공할 수 있다.

또한 미중 사이에서 아세안의 자율성을 중시하면서 신중한 외교를 펼쳐 온 아세안의 특징은 비슷한 환경에 처한 한국 정부가 추진하는 신남방정책에 시사하는 바가 크다. 이런 환경 하에서 신남방정책은 미국이나 중국 등 강대국과의 강력한 동조화를 피하고 대신 지역의 중소국가들의 이익을 위한 전략적 네트워킹의 방향을 강화해야 할 것이다.

11. 유라톰의 경험이 동아시아에 던지는 함의

제8장에서는 눈을 돌려 유럽의 경험을 참고해 보고자 한다. 1958년 유럽경제공동체와 함께 발족된 유라톰은 냉전, 유럽통합, 핵이라는 세 가지 교차점에서 생겨났다. 제2차 세계대전 이후 유럽의 쇠퇴와 미국이라는 새로운 강대국의 부상이라는 현상은 유럽 국가들이 석탄과 철강 다음으로 공동으로 개발하고 협력할 새로운 아젠다로 핵을 주목하게 하고 자발적으로 원자력 협력에 나서도록 했다. 조은정에 따르면, 이것이 가능했던 것은 초국가적 지역통합의 필요성을 초기 6개국 지도자들이 공유했기 때문이다. 유럽방위공동체의 좌절로 유럽통합이 위기를 맞이했던 상황에서 유라톰 6개국은 핵독점이 붕괴될 위험에 처해 있던 미국을 끌어들여 유라톰을 성사시켰던 것이다. 즉 유라톰은 유럽이 공유했던 위기를 역발상으로 극복하려 했던 데에서 나온 성과였다.

이는 또한 유럽 국가들과 미국 사이의 비대칭적 수직적 동맹이라는 문제를 안고 있던 상황에서 돈과 기술과 인력의 한계를 극복하고 만들어진 성과이기도 하다. 유라톰 6개국은 공동의 목적 달성을 위해 불가능한 일에 집착하기보다 가능한 일에 집중하는 전략을 선택했으며, (핵)물질 대신 (핵)규범에 착목했다. 또한 유라톰 6개국은 미국의 규범에 앞선 규범을 만들어냄으로써 미국이 거부하지 못하게 하는 전략을 구사했다.

조은정은 이러한 전략을 동의-심화 전략이라고 명명했다. 즉 유라톰 국가들은 미국의 핵 비확산 규범에 동의하되, 더욱 심화된 규범을 역으로 제안함으로써 규범 형성의 주도권을 장악할 수 있었던 것이다.

유라톰이 시사하는 바는 국제정치에서 힘이라는 것이 물질적인 것만이 아니라는 점이다. 나아가 힘은 승자독식으로 귀결되는 것이 아니라 나누어 공유함으로써 더 커진다는 것, 비대칭적인 힘 관계에서 열세에 놓인 쪽이 힘으로 우세한 쪽에 동조하면서 역전시키는 전략을 구사할 수 있다는 것 등은 동북아시아의 현실에 비추어 시사하는 바가 크다.

12. 2019년을 동아시아 신안보질서 원년으로 만들기 위해

2018년 판문점 남북정상회담으로 시작된 담대한 평화의 여정으로 한반도 구질서가 해체되고 있는 것은 분명하다. 그런데 그 여정이 동북아시아에서 평화를 담보할 신안보질서의 창출에 실패하고 신냉전으로 귀착되어서는 안 될 것이다. 남북의 화해 협력이 단순히 한반도 구질서 해체가 아니라 동아시아 수준에서, 지구적 수준에서 분열과 대립의 해소로 나가는 것을 보증할 필요가 있다. 구질서 해체에만 급급하다보면, 신질서 재편에 장애가 되는 방향으로 구질서가 해체될 가능성이 있다.

이를 경계하고 신안보질서의 비전을 제시하기 위해 2018년 싱가포르 북미정상회담으로 열린 정세 속에서 열었던 세미나의 기록을 책으로 엮어 내놓는다. 마침 제2차 북미정상회담 개최를 앞둔 시점이다. 2018년이 한반도 평화의 원년으로 영구히 기록되기 위해서라도 2019년이 동아시아 신안보질서의 원년이 되길 간절히 소망한다.

2019년 2월

남기정

1 남북관계와 한반도 비핵·평화체제 구축 평가와 전망

조한범 통일연구원 선임연구위원

남북관계와 한반도 비핵·평화체제 구축 평가와 전망

1. 2018년 한반도 정세변화

2018년은 한반도문제의 변곡점에 해당한다. 2018년 한반도 정세변화의 특징적 현상중의 하나는 탑다운(Top down)방식의 협상국면이다. 4·27 판문점 남북정상회담을 시발점으로 9월 평양 남북정상회담까지 남북, 북미, 북중 간 모두 7차례의 한반도 관련 연쇄정상회담이 개최되었다. 한반도문제는 복합적이며 중층적이라는 점에서 해결이 쉽지 않으며, 정상회담은 협상국면을 지속시키는 중요한 동력을 제공했다는 점에서 의미가 있다.

4·27 판문점 남북정상회담은 한반도 비핵·평화체제 구축과 새로운 남북관계의 입구를 형성했다는 점에서 의의가 있다. 판문점 선언을 통해 남북의 양정상은 한반도에서 더 이상 전쟁이 없을

것임을 선언하고 새로운 남북관계의 형성과 비핵화 및 평화체제 구축 등 한반도 문제 전반에 대한 포괄적 합의를 도출했다.

비핵화 협상의 진전은 2018년 한반도 정세변화에 있어서 가장 주목되는 부분이다. 남북한과 미국은 한반도의 완전한 비핵화라는 목표에 합의했으며, 북한은 풍계리 핵실험장 폐기에 이어 동창리 미사일 발사대 및 엔진시험장 해체에 착수했다. 4·27 판문점 남북정상회담에서 남북 양정상은 최초로 한반도의 완전한 비핵화에 합의했다. 6·12 싱가포르 북미정상회담은 비핵화 협상의 새로운 전기를 마련한 것으로 볼 수 있다. 최초의 북미정상회담을 통해 비핵화에 대한 공동성명을 도출했으며, 한반도 비핵화의 주체를 김정은 위원장과 북한으로 명시했다는 점에서 중요하다. 9월의 평양공동선언은 동창리 엔진시험장과 미사일 발사대 폐기에 대한 유관국의 참관, 영변 핵시설의 영구폐기 의사 등 북한 비핵화의 구체적인 세부 내용을 담고 있다는 점에서 중요성이 있다.

한반도 평화체제 구축에 있어서도 진전이 있었다. 판문점선언은 사실상 남북한 간의 종전선언으로 볼 수 있으며, 9월 평양정상회담에서 상호적대행위 중단을 위한 군사분야합의서를 도출한 것은 군사적 신뢰구축의 제도화로서 의미를 지니고 있다. 종전선언에 대한 북한과 미국의 입장차는 근본적인 것으로 볼 수 없으며, 상응조치에 대한 이견 때문이다. 중요한 것은 한국전쟁 종식을 위한 종전선언 논의가 공식화되었으며, 비핵화와 연동된 평화체제 구축의 필요성에 대해서 공감대가 형성되었다는 점이다.

'운전자'로서 한국의 입지가 확보되었다는 점도 중요한 성과이다. 올해 5월 북한이 대남 · 대미 비난공세를 강화했을 때 트럼프 대통령은 북미정상회담을 전격 연기함으로써 비핵화 협상국면에 난기류가 발생했다. 5·26 통일각 남북정상회담은 북미 비핵화 협상의 교착국면을 타개하는 동시에 6·12 싱가포르 북미정상회담을 성사시킨 계기로 작용했다. 8월 말 폼페이오 미 국무장관의 4차 방북 취소로 조성된 교착국면에서도 한국정부는 대북특사단 파견을 통해 북미 비핵화 협상의 동력을 마련했다. 과거 핵문제 논의과정에 한국을 배제하던 것과 다르게 북한은 한국정부의 역할을 요구하고 있는 상황이다.

우려했던 '디테일의 악마'도 점차 가시화됐다. 가장 큰 문제는 북한 비핵화 프로세스의 지체라고 할 수 있다. 6·12 싱가포르 북미정상회담 이후 비핵화 협상은 가시적인 성과를 도출하지 못했으며, 2차 북미정상회담도 2019년으로 연기되었다. 종전선언도 성사되지 않았다. 금강산관광 및 개성공단사업의 재개와 남북경협 활성화, 그리고 남북관계 발전을 위한 제반 조치들은 대북제재의 제약에 직면했다. 남북관계 발전에 대한 한미 간 입장차도 노정되었다. 미국은 북한 비핵화의 진전을 우선하는 데 비해 한국정부는 북한의 비핵화와 아울러 남북관계를 병행해야 하는 과제를 안고 있기 때문이다.

2. 남북관계

4·27 판문점선언을 통해 남북 양정상은 전면적이고 획기적인 관계발전에 합의했으며, 3차례의 남북정상회담 개최로 남북관계는 새로운 단계에 진입했다. 4·27 남북정상회담 이후 남북관계 변화는 교류와 안보의 병행, 남북관계와 북미관계 개선의 병행이라는 점에서 특징이 있다. 3개항으로 이루어진 판문점선언의 2개항이 군사적 긴장완화와 평화정착 등 안보문제를 다루었으며, 9월 평양정상회담에서는 9·19 남북군사분야합의서가 도출되었다. 과거와 달리 안보분야에서의 협력과 신뢰구축이 빠른 속도로 진행되고 있다. 남북관계 개선과정에서 한미 간의 공조와 협력체제가 가동되었으며, 남북관계가 북미관계를 견인했다는 점도 중요하다.

2018년 남북관계는 대북제재라는 현실적 제약에도 불구하고 일정한 성과를 도출했다. 남북정상회담을 포함해 남북고위급회담 및 각 분과회담의 개최로 남북대화 채널은 완전하게 복원되었다. 남북 당국자가 상주하는 개성 남북공동연락사무소의 개소는 남북 당국 간 24시간 365일 상시 및 수시 소통시대의 개막을 의미한다.

6월 1일 개최된 남북고위급회담에 이어 장성급회담, 철도·도로회담, 산림회담, 적십자회담 등 각 분야의 분과 회담이 순차적으로 개최되었다. 남북은 군사분야 회담을 통해 군통신선을 재가동하고, 9·19 평양 남북군사분야합의서의 이행을 위한 조치도 신속하게 이루어졌다. 2018 평창동계올림픽의 북한선수단 참가 이후 2018 아시아경기 및 장애인 아시아경기, 탁구, 유도 등 국제무대에서 남북한 간 스포츠협력이 활성화되었다. 남북 철도·도로분야의 경우 현실적 여건을 감안해 현지 공동조사 및 준비작업에 주력했으며, 개성 철도연결 착공식 개최에 합의했다. 전반적인 남북 교류 · 협력의 활성화와 아울러 민간 및 지자체 등 남북교류협력 주체가 다양화하는 경향도 나타났다.

2018년 남북관계의 발전은 지난 10여 년간 누적된 교류 · 협력에 대한 요구의 분출이라는 측면도 있으나, 보다 중요한 것은 남북관계 발전에 대해 남북 양측이 공감대를 형성했기 때문이다. 과거와 달리 북한은 남북관계에 대해 적극적 태도를 견지하고 있으며, 따라서 남북관계에 대한 전망도 긍정적인 편이다. 김정은 위원장은 남북관계 발전에 대해 공개적으로 강령적 지시를 내린 바 있다. 북한 정치문화에서 최고지도자의 강령적 지시는 절대적이라는 점에서 남북관계에 대한 북한의 전략적 변화를 감지할 수 있다. 북한이 2018년 4월 노동당 중앙위원회 7기 3차 전원회의를 통해 경제 · 핵병진노선의 마무리를 선언하고 '경제건설 총력집중노선'을 채택했다는 점도 주목할 필요가 있다.

북한은 비핵화의 조건으로 체제보장을 요구하고 있으나 보다 중요한 것은 북한의 경제발전을 위한 협력과 지원이라고 할 수 있다. 북한의 경제발전에 있어서 특수관계에 있는 한국의 역할은 절대적이며, 남북경협은 '경제건설 총력집중노선'의 관철을 위한 필수 전제라고 할 수 있다. 김정은 위원장의 경제정책에 있어서 철도·도로 및 전력 등 SOC(사회간접자본, Social Overhead Capital)의 현대화와 경제개발구의 외자유치는 핵심적인 의미를 지닌다. 북한 철도·도로와 전력망 등 SOC의 현대화에는 대규모 재원과 기술이 필요하다. 한국은 충분한 능력을 보유하고 있으며 대륙과 연계되는 육로가 확보된다는 점에서 투자의 경제성도 확보할 수 있다는 점이 중요하다. 경제개발구에 대한 외자유치에 있어서도 남한과의 협력은 필수이다. 금강산 관광 및 개성공단 사업 등 북한의 대외개방 성공모델은 모두 남한과의 협력사업이었기 때문이다. 중국의존도의 심화는 북한정권에 부담이 된다는 점도 주목할 필요가 있다.

북한이 전략적 변화를 선택했다는 점에서 남북관계에 대한 전망은 긍정적이라고 할 수 있다. 문제는 대북제재라는 제약요인이다. 비핵화 협상의 교착국면이 지속될 경우 남북관계의 획기적 개선에는 어려움이 따른다. 그러나 비핵화 협상 및 한반도 평화체제 구축과정이 순조로울 경우 남북관계는 매우 빠르게 발전할 개연성이 있다.

3. 비핵화

6·12 북미정상회담을 통해 양정상은 최초로 북한의 완전한 비핵화라는 목표를 확인했지만, 구체적 이행로드맵의 작성은 실무협상의 과제로 남겼다. 북핵 문제의 복합성과 기술적 문제에 따라 비핵화 프로세스에는 '디테일의 악마'가 잠복해 있으며, 이는 실무협상을 어렵게 만드는 요인으로 작용했다. 가장 큰 난관은 비핵화 방식에 대해 북미 양측 간 큰 틀의 합의가 도출되지 않았다는 점이다.

미국은 '신고-검증-폐기'를 내용으로 하는 매뉴얼 비핵화 방식을 원하고 있다. 매뉴얼 비핵화 방식은 북한 핵프로그램 전모에 대한 조기파악이 가능하며, 투명하게 비핵화 프로세스를 진행할 수 있다는 점에서 신뢰할 수 있는 방안이다. 그러나 핵무기 생산을 위한 방대하고도 복합적인 일관체계를 형성하고 있는 북한에 대해 매뉴얼방식을 적용하는 데에는 한계가 있다. 북한이 매뉴얼 비핵화 방식을 거부하고 있다는 점도 난제이다. 북한은 매뉴얼 비핵화 방식의 신고단계를 '미국에게 공격목표를 제시하라는 것'이라며 반발하고 있다. 매뉴얼 비핵화 방식의 경우 비핵화의 초기인 신고

단계에서 북한 핵프로그램의 전모가 공개되며, 신고의 진정성 여부에 대해 북미 간 이견의 개연성이 있고 민감한 검증단계에서는 더 큰 갈등의 소지가 있다. 미국은 시간과 장소의 제한이 없는 특별사찰을 선호하지만, 북한은 자신들이 특정하는 지역만을 공개할 것이기 때문이다. 신고-검증단계에서 북미 비핵화 협상이 이미 수차례 파기된 사례가 있다는 점도 부담이다.

북한은 남아프리카공화국이 실시한 자발적 비핵화 방식을 선호하고 있다. 남아프리카공화국은 자발적 선택에 의해 비핵화 조치를 단행한 이후에 핵비확산조약(NPT:Non-Proliferation Treaty)에 가입했으며, 핵프로그램을 신고하고 사찰을 수용했다. 풍계리 핵실험장 폭파, 동창리 엔진시험장 및 미사일 발사대 해체 착수, 영변 핵시설 영구폐기 의사 표명 등은 모두 북한의 자발적 선택에 의한 것이다. 북한 역시 신고단계 없이 자발적 비핵화 조치를 취하고 있다는 점에서 남아프리카공화국의 비핵화 방식과 유사한 특징을 보이고 있다. 그러나 자발적 비핵화 방식은 최종적인 비핵화 완료시점 이전까지는 북한의 핵프로그램 전모를 확인할 수 없기 때문에 신뢰성과 투명성을 확보하기 어렵다. 미국이 북한식 자발적 비핵화 방식을 받아들이기 어려운 이유이다.

북한의 자발적 비핵화를 일부 수용하되, 핵프로그램의 핵심 및 주요분야를 조기에 폐기하는 프론트로딩front loading방식[1)]을 결합하는 시퀀스 비핵화 방식은 절충적 대안이 될 수 있다. 시퀀스 비핵화 방식은 북한 핵프로그램을 핵심, 주요, 잔여분야 등 세 부분으로 나누어 비핵화의 절차와 시간표에 합의하고 체제보장과 보상 등 상응조치를 단계적으로 병행하는 것이다. 핵심분야는 북한이 이미 생산해 보유하고 있는 핵물질, 핵탄두, 운반수단인 중장거리 탄도미사일 등 과거핵을 의미한다. 핵심분야의 비핵화 조치가 이루어지면 북한의 핵공격 능력은 무력화 될 수 있다. 주요분야는 우라늄 농축시설, 원자로 및 재처리시설 등 핵물질 추출시설, 중장거리 탄도미사일 등 핵무기의 생산시설로 현재핵에 해당한다. 핵심분야에 이어 주요분야의 비핵화조치가 실시될 경우 북한의 핵위협은 사실상 소멸되는 것으로 볼 수 있다.

시퀀스 비핵화 방식에 있어서 가장 중요한 단계는 핵심분야에 대해 조기에 비핵화 조치를 실행하는 프론트로딩이며, 상응하는 체제보장 및 보상조치를 동시 병행하는 것이다. 프론트로딩 방식은 북한 과거핵의 전체를 대상으로 하지 않는다는 점에서 상응조치가 보장될 경우 북한도 수용할 수 있는 방안이다. 주요분야의 비핵화는 트럼프 대통령의 임기인 2020년 말까지 실시될 필요가 있다.

---

1) 미국 인터넷매체 복스(VOX)는 미국이 북한 보유 핵탄두의 60~70%를 8개월 내에 북한 이외의 지역으로 반출해 폐기할 것을 지속적으로 요구했다고 보도했다. VOX, 2018.8.8

비핵화 프로세스와 연동해 북한에 대한 체제보장 및 보상 시퀀스도 병행되어야 하며, '종전선언 → 단계적 대북제재 해제 → 대북제재 해제 및 평화협정 체결 → 관계정상화' 순서로 진행될 수 있을 것이다. 종전선언은 한반도 비핵화·평화체제 구축의 입구라는 점에서 조기에 성사되는 것이 바람직하며, 대북제재의 단계적 해제를 통해 북한의 비핵화를 견인하는 것도 중요하다. 핵심분야에 이어 주요분야의 비핵화 조치가 완료될 경우 실질적인 비핵화의 달성을 의미한다는 점에서 대북제재는 완전히 해제될 필요가 있다. 이 시점에서 평화협정의 체결이 가능할 것이며, 동시에 북한 핵프로그램의 전모가 투명하게 공개되어야 할 것이다. 이후의 과제는 검증과 아울러 잔여분야의 핵프로그램에 대한 중장기적 차원의 비핵화 조치가 될 것이다.

북한의 비핵화 프로세스는 이미 되돌아가기 어려운 임계점에 도달했다는 점에서 북미 비핵화 협상국면은 지속될 가능성이 크다. 그러나 비핵화 방식에 대한 북미 간의 이견이 해소되지 않을 경우 협상의 난항은 반복될 것이다. 시퀀스 비핵화 방식은 신고에서 출발하는 매뉴얼 비핵화 방식의 쟁점을 우회하면서 북한 비핵화를 실질적이고도 신속하게 촉진시킬 수 있다는 점에서 북미 모두에게 유용한 방안이라고 할 수 있다. 시퀀스 비핵화 방식의 로드맵은 아래와 같다.

시퀀스 비핵화 방식 로드맵

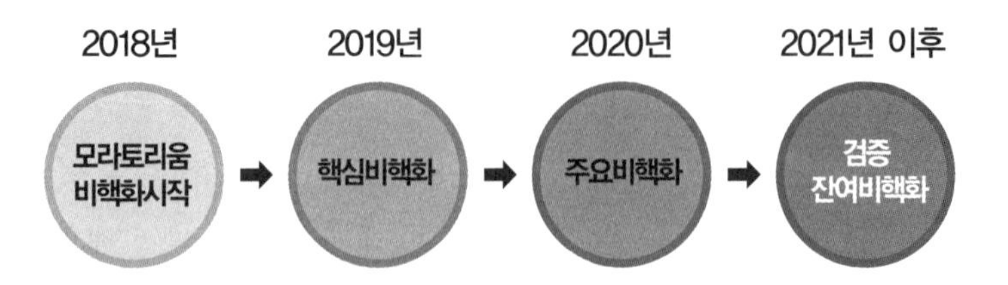

4. 평화체제 구축

북한의 비핵화는 한반도 평화체제 구축과 긴밀한 상호연관 관계에 있다. 한반도 평화체제 구축은 한국전쟁 종전선언, 평화협정 체결, 국제보장, 동북아 안보협력 체제의 형성을 포함하는 과정을 통해 구축될 수 있을 것이다. 일반적으로 종전선언이 특정한 단계를 형성하지는 않으며, 평화협정 내에 포함되는 경우가 많다. 한반도 평화협정을 체결할 경우 정전협정의 대체가 가능하며, 평화체제 구축의 핵심과제는 해소된다. 종전선언과 평화협정을 2단계로 분리한 2단계 추진방안은 한반도의 특수성을 감안한 것이다. 북핵문제라는 안보적 위협요인이 상존하는 현 상황에서 평화협정의 체결은 가능하지 않기 때문이다. 또한 북한의 비핵화는 일정한 시간을 필요로 한다. 종전선언은 한반도 비핵·평화체제 구축의 입구를 형성하는 동시에 평화협정 체결시점까지의 과도기를 안정적으로 관리하는 기능을 수행한다는 점에서 의미가 있다.

종전선언은 현재 한반도에서 군사적으로 대치하고 있는 남북미 당사자 간에 도출될 수 있다. 한국전쟁의 주요 당사자인 중국은 한반도에서 군대를 완전히 철수했으며, 군사정전위원회 파견 중국 인민지원군 대표단도 본국으로 소환되었기 때문이다. 종전선언은 상징적 행위로 평화협정이 체결되지 않는 한 정전협정은 유지된다. 따라서 종전선언에 중국이 반드시 참여할 필요는 없다고 볼 수 있다. 중국의 입장에서 중요한 것은 한반도 및 동북아 안보지형의 근본적 변화를 초래할 수 있는 평화협정이기 때문이다.

종전선언이 한반도 비핵·평화체제 구축의 입구를 형성한다는 점에서 신속하게 마무리될 필요가 있다. 남북한 및 북미 간 양자방식의 종전선언은 현실적인 대안이 될 수 있고 남북한 간 종전선언은 이미 이루어진 것으로 간주될 수 있다. 1992년 발효된 '남북사이의 화해와 불가침 및 교류·협력에 관한 합의서' 즉 남북기본합의서는 사실상 종전선언과 아울러 상호 불가침에 대한 내용을 포함하고 있다. 2007년의 10·4선언과 2018년 판문점선언도 한반도에서의 전쟁방지와 불가침에 대한 내용을 담고 있다. 2018년 9월 평양 남북정상회담에서 채택된 9·19 판문점선언 군사분야 이행합의서는 종전선언을 군사적으로 이행하기 위한 제도화의 성격을 지닌다. 따라서 북미 종전선언이 성사될 경우 한반도에서 군사적으로 대치국면을 형성하고 있는 남북미 3자간의 종전선언단계는 마무리되는 것으로 볼 수 있다.

평화협정 체결은 한반도 평화체제 구축의 핵심으로 평화의 제도화를 의미한다. 평화협정의 형식, 내용, 절차 등에 대한 일반적인 형식이 있는 것은 아니며 분쟁 종식을 위한 종전, 불가침, 영토확정, 배상, 포로, 관계정상화 등의 내용을 포함한다. 한반도의 경우 정전협정 이후 상당한 시간이 경과했기 때문에 영토와 배상, 그리고 포로 등의 이슈는 큰 쟁점이 되지 않을 것이다. 또한 종전선언과 평화협정이 분리되어 체결될 가능성이 있다는 점에서 불가침 등 체제보장과 당사자 간 관계정상화가 주요 의제가 될 것이다.

평화협정의 체결은 양자방식과 다자방식으로 추진될 수 있다. 양자방식의 경우 한반도에서 군사적으로 대치하고 있는 남북미를 평화협정의 당사자로 남북한 간 그리고 북미 간에 평화협정을 추진하는 방안이다. 평화협정 체결의 주체가 될 수 있는 국가는 한국전쟁의 주요 교전당사자인 남북한과 미국 및 중국이다. 그러나 정전협정과 평화협정 체결의 당사자가 항상 일치하는 것은 아니며, 상황변화에 따라서 당사자는 유동적일 수 있다. 적대관계에 있는 국가 간의 수교는 평화협정 체결 이후에 이루어지는 경향을 보인다. 미중 수교는 1972년 이루어졌으며, 한국도 1992년 중국과 수교했다는 점에서 평화협정이 필요하지 않다. 우호관계에 있는 북한과 중국 역시 평화협정이 필요한 상황이 아니다. 남북한과 미국을 한반도 평화협정 체결의 당사자로 볼 수 있는 근거이다.

양자방식의 핵심은 북미 간의 평화협정이며, 협정체결의 주체 및 의제가 단순화된다는 점에서 신속하고도 효율적인 추진이 가능하다는 것이 장점이다. 북한의 완전한 비핵화에는 상당한 시간이 소요된다는 점에서 평화협정은 비핵화 프로세스의 적정시점에서 체결될 필요가 있다. 북한의 비핵화가 실질적으로 달성되거나 불가역적인 상태에 도달했을 때, 즉 북한의 과거핵과 현재핵의 핵심 및 주요분야가 폐기된 경우 북미 간 평화협정은 체결이 가능할 것이다. 북한의 비핵화 프로세스가 일정단계에 진입했을 때 평화협정을 위한 협상을 시작할 필요가 있으며, 협정의 체결이전에 북미 간 연락사무소 또는 이익대표부와 같은 관계개선도 가능할 것이다. 북미 간 평화협정 체결 이후의 과제는 수교와 아울러 관계정상화 과정의 본격화가 될 것이다.

북미 평화협정과 아울러 남북기본협정 체결을 병행하는 방안이 모색될 필요가 있다. 평화협정의 체결에도 불구하고 남북한 간 상호 특수관계의 인정을 포함하는 남북기본협정 체결의 필요성은 남는다. 헌법상 남북한은 독립된 국가가 아니지만 남북한 간의 정상적인 관계를 수립하기 위해서는 상호간 체제인정을 포함하는 협정의 체결이 필요하기 때문이다. 동서독 역시 1972년 불가침 및 상호간의 독립과 주권 존중을 포함해 상대가 별개의 국가라는 것을 인정하는 기본조약을 체결했다. 동서독은 사실상 1민족 2국가를 승인함으로써 정상적인 국가 간의 관계에 준하는 특수관계를 수립했다. 1991년 체결된 남북기본협정은 평화협정의 내용을 상당부분 포함하고 있다. 따라서 남북한 간의 평화상태 수립을 포함하여 일반 국가 간의 선린우호관계에 준하는 남북관계를 규정하는 기본협정을 체결할 경우 평화협정을 대체할 수 있다.

북미 간 평화협정과 남북기본협정이 체결되면 한반도에서 대치국면을 형성하고 있는 핵심 당사자 간 평화의 제도화는 달성된다. 이 경우 정전협정은 사문화 되는 것으로 간주될 수 있으며, 유엔사령부는 유엔의 결정에 따라 해체하면 될 것이다.

양자방식 평화협정 체결의 가장 큰 문제는 중국이 배제된다는 점이며, 이에 대한 반발이 예상된다. 중국은 한국전쟁의 교전당사자이며, 한반도 평화협정이 체결될 경우 자국의 안보에도 영향을 미치기 때문이다. 중국은 북한과 장기간 우호관계를 지속해왔으며, 북한을 전략적 자산으로 인식하고 있다. 미중 패권경쟁이 가속화하고 있는 동북아에서 완충지대(Buffer zone)로서 북한의 전략적 가치는 오히려 증대되고 있는 상황이다. 한반도 평화협정 체결에 따라 한반도와 동북아 안보질서의 구조적 변화가 불가피하다는 점에서 중국은 참여의사를 분명히 해왔다. 중국의 협력이 없는 한반도 평화협정 체결은 한계에 직면할 개연성이 있다는 점에서 남북한과 미국, 그리고 중국이 참여하는 다자방식은 현실적 대안이 될 수 있다.

다자방식의 한반도 평화협정은 체결과정에서 여러 문제들이 발생할 수 있다는 점에서 문제의 소지가 있다. 미국과 중국은 동북아에서 패권경쟁 구도를 형성하고 있으며, 안보적 이해관계의 관철을 위해서 경쟁하고 있다. 미중 패권경쟁 구도가 한반도 평화협정 체결과정에서 재연될 경우 복합적인 문제를 야기할 것이다. 미국이 한반도에서 대중국 견제를 위한 전략적 능력을 유지하려고 시도하거나 중국이 북한에 대한 배타적 영향력의 행사를 추구할 경우 한반도 평화협정 체결은 지난한 과정이 될 것이다. 중요한 것은 한반도의 항구적 평화 달성과 한미일 대 북중러 간 냉전적 대립구도의 관성을 해소하는 것이다. 한반도 평화협정의 체결과정에서 미중 간 패권경쟁 요소를 방지하고 평화상태의 달성을 위한 본래의 목적을 관철하는 것은 가장 중요한 과제가 될 것이다.

한반도 평화협정 체결 이후 단계는 국제적인 보장과 공인이다. 남북한, 미국, 중국은 물론 러시아와 일본을 포함하는 동북아 6개국이 한반도 평화협정을 공동으로 보장하는 방안이 모색되어야 할 것이다. 한반도 평화협정을 UN 총회와 안보리의 안건으로 상정해 결의하는 방안도 가능할 것이다. 한반도 평화체제 구축 로드맵은 아래와 같다.

한반도 평화체제 구축 로드맵

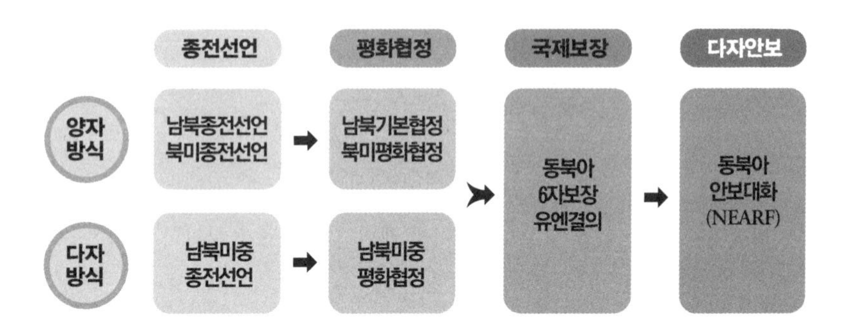

북한 비핵화는 한반도 평화체제 구축의 전제라는 점에서 평화체제 구축의 각 단계와 연동되어 추진될 것이다. 한반도 비핵화와 평화체제 구축의 로드맵은 아래와 같다.

한반도 비핵·평화체제 구축 로드맵[2)]

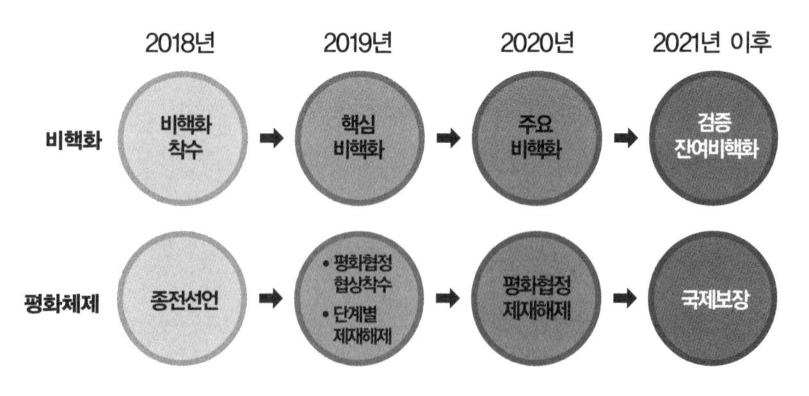

5. 정책적 제언

미중 패권경쟁 구도가 형성된 동북아에서 중견국으로서 한국이 한반도 비핵·평화체제 구축을 주도하는 것은 쉽지 않다. 또한 한반도 비핵·평화체제 구축의 각 단계를 뛰어넘는 획기적 남북관계를 형성하는 것도 난제이다. 그러나 한반도 비핵·평화체제 구축과정은 한반도와 동북아 안보질서를 근본적으로 변화시키며 그 영향은 한국에 직접적이라는 점에서 우리의 전략적 이해를 관철시키기 위한 적극적 정책의 구사가 요구된다. 한국은 한반도 비핵·평화체제 구축의 핵심 당사자이며 통일을 목표로 지속가능한 남북관계 형성이라는 과제에 직면해 있다는 점에서 능동적인 '코리아 이니셔티브'[3]를 구현해야 할 것이다.

가장 중요한 것은 한반도 평화지대화의 달성이다. 한반도 평화협정 체결을 통해서 한국전쟁의 완전한 종료와 아울러 관련 당사국간 상호불가침을 확약해야 할 것이다. 불가침은 구체적인 군사적 신뢰구축 조치를 통해 실천되어야 한다. 남북한, 미국, 중국은 불가침에 상응하는 군비통제를 단계적으로 실현함으로써 한반도

---

2) 조한범, '종전선언에서 평화협정으로: 신판문점체제의 코리아 이니셔티브'『한국전쟁 종식과 동아시아 평화공동체 모색』 평화재단 창립 14주년 기념 심포지엄(2018.11.16), p. 23.

3) 위의 글, p. 23-29.

평화상태 달성을 위해 노력해야 할 것이다. 남북한 군사대치의 근본적 해소, 주한미군의 성격전환, 중국의 대한반도 군사태세 전환 등이 필요하다. 한반도가 평화지대로 전환될 경우 한미일 대 북중러 간 냉전적 대립구도의 관성은 해소될 것이며, 동북아 안보협력의 촉진이 가능할 것이다.

한반도의 완전한 비핵화를 기반으로 역내 비핵안보레짐(Nonnuclear Security Regime)을 형성하는 것도 필요하다. 한반도의 비핵화와 비핵국가인 일본의 연계를 통해 역내 비핵지대의 형성이 가능하다.[4] 이 경우 미국, 중국, 러시아 등 주변 핵보유국 역시 역내 비핵안보레짐에 동참해야 하며, 이는 동북아 비핵지대에서 핵무기 운용교리를 포기한다는 것을 의미한다. 동북아 비핵안보레짐을 동남아시아로 확대하는 방안도 모색이 가능할 것이다. 동남아시아는 1970년대부터 비핵지대화 논의를 시작해서 1995년 동남아비핵지대조약(TSANWFZ:Treaty on the Southeast Asia Nuclear Weapon Free Zone)을 체결했기 때문이다. 동북아와 아세안을 연계할 경우 아

4) 일본 피스 데포(Peace Depot)의 우메바야시 히로미치는 1996년 동북아 비핵지대화 구상을 처음 발표했다. 2004년에는 피스 데포와 한국 시민단체 공동으로 '모델 동북아시아 비핵무기지대 조약안'을 기초했다. 나가사키대학 핵무기철폐연구센터(RECNA)는 2018년 6월 남북한과 일본이 비핵지대화조약을 체결하고, 미국, 중국, 러시아가 핵무기 사용 및 위협금지를 보증하는 3+3방식의 동북아사이 비핵지대구상을 발표한 바 있다. '한일공동선언 20주년과 동북아 신안보질서의 가능성'『현안진단』 제194호(서울: 평화재단 2018)

시아전역의 비핵평화지대화가 가능하다.

한반도 비핵·평화체제 구축 프로세스와 연계하여 지속가능한 남북관계 형성을 위한 노력을 가속화해야 할 것이다. 남북관계는 열강이 밀집해 있는 동북아 국제정치 구도에서 우리가 주도할 수 있는 유일한 영역이다. 미중 간 패권경쟁구도가 형성된 동북아에서 한반도의 전략적 가치가 커지고 있다는 점에 주목해야 한다. 남북관계가 공고화되는 것은 한반도 문제의 해결과정에서 남북의 자율성이 확대되는 것을 의미한다. 경제·사회적 관계가 심화될 경우 외교·안보적 갈등은 완화되는 경향을 보인다. 한중 및 한일 간에 갈등에도 불구하고 협력관계가 지속되는 것은 심화된 경제, 사회적 관계에 기인한다. 남북관계가 일정수준 이상 발전하여 상호의존성이 심화될 경우 일방에 의한 관계 단절은 어려우며, 협력관계의 지속이 가능하다. 불가역적인 남북관계를 형성하는 것이 시급한 이유이다.

변화하는 환경에 부합하는 새로운 국가발전 전략의 모색이 필요하다. 한반도 비핵·평화체제 구축에 따라 분단체제가 사실상 해소될 경우 남북 경제공동체 형성과 아울러 한반도와 유라시아대륙 간의 경제관계 발전을 가속화할 수 있는 기반이 마련되기 때문이다. 이를 반영해 통일정책과 발전전략의 융합을 통한 새로운 국가전략의 모색이 필요하다. 궁극적으로 통일을 지향하되 실현가능한 경제 통일을 우선하고 한반도와 유라시아 간의 경제협력 관계를 확대할 경우, 한국은 새로운 도약의 계기를 마련할 수 있으며, 북한 역시 경제발전을 도모할 수 있을 것이다. 비핵·평화체제가 구축된 한반도는 분단의 섬이 아니라 태평양과 유라시아대륙을 연계하는 허브가 될 것이다.

한반도 문제의 해결을 위한 주체적인 노력이 중요하다. 한국은 한반도의 완전한 비핵화와 평화체제 구축, 그리고 통일을 지향하는 지속가능한 남북관계의 형성 과정에서 핵심 당사자로서 역할과 위상을 확보해야 할 것이다.

02

한반도 정세변화와 남북한 경제협력의 방향

동용승 굿파머스연구소 소장

한반도 정세변화와 남북한 경제협력의 방향

1. 한반도 정세의 변화

1945년 일본의 패전으로 전승국들은 일본을 분할 통치하는 대신 한반도를 38선으로 분할했다. 1950년 1월 미국은 한반도를 떠나려고 했으며, 당시 미 국무장관이었던 애치슨은 동북아의 방어선을 일본 열도로 이전하려고 시도했다. 이를 노린 북한은 한국전쟁을 일으켰고, 중공군의 참전으로 오랜 공방이 지속됐다. 미국은 일본과 1951년 샌프란시스코 평화조약을 체결했으며, 이후 한반도를 중심으로 한미일, 북중러의 전선은 70년 가까이 유지되어 왔다. 탈냉전에도 불구하고 이른바 샌프란시스코 체제는 계속되어 왔다. 2000년 6월 남북정상회담과 2007년 10월 남북정상회담으로 한반도의 정세는 변화의 조짐을 보였으나, 북핵문제로 인해 오히려 샌프란시스코 체제는 더 강화됐다.

2017년 12월 북한은 핵무력 완성을 선언했다. 그리고 2018년 1월 북한은 대남관계는 물론 대미관계 개선을 천명했다. 2월 평창 동계올림픽을 계기로 한반도에는 훈풍이 불기 시작했다. 4월 27일 판문점에서 남북한 정상은 11년만에 만났다. 한반도의 평화를 위한 대장정을 시작한 것이다. 연이어 6월 12일 미국과 북한의 정상회담이 싱가포르에서 개최됐다. 문재인 대통령은 9월 18일 평양을 방문하여 북한의 비핵화를 포함해 남북관계 개선을 위한 합의를 도출했다. 문재인 대통령은 9월말에 개최된 유엔총회에서 북한의 비핵화 의지를 미국의 트럼프 대통령을 비롯해서 국제사회에 전달했다. 숨가쁜 1년의 시간이 흘렀고, 미국과 북한은 2차 정상회담을 눈 앞에 두고 있다. 북한의 비핵화와 북한체제의 안전보장을 주고받는 담판은 대단히 어렵고 힘든 과정이다. 그럼에도 한반도 평화를 위한 프로세스는 진행 중이다. 비핵화와 체제 안전보장은 종전선언을 넘어 평화협정으로 종결될 수 있다. 이 과정에서 한반도 정세는 근본적인 변화를 보일 수밖에 없다.

이렇듯 탑다운 방식으로 진행되고 있는 한반도 정세의 변화는 한 치 앞을 내다보기 어려울 정도로 변하고 있다. 남북한 경제협력에 대한 기대도 높아지고 있다. 한반도 정세의 변화는 남북경협 환경에도 근본적인 변화를 가져오게 된다.

첫째, 1951년 형성된 샌프란시스코 체제의 해체가 시작된다. 태평양 전쟁 이후 동북아는 1951년 미 샌프란시스코에서 체결된 미일 강화조약 이후 한미일 대 북중러 동맹 구조가 형성되어 왔다. 탈냉전 이후 한국과 중국, 러시아의 수교에도 불구하고 샌프란시스코 체제는 유지되어 왔다. 북미 정상회담으로 정전선언이 이루어지고, 평화협정이 체결되면 샌프란시스코 체제는 자연스럽게 해제가 시작된다. 동북아의 모습이 어떤 식으로 재편될지 지금으로선 예단하기 어렵다.

둘째, 남과 북은 개별적 국가형태를 가지게 된다. 1991년 남북한은 유엔에 동시 가입했지만, 여전히 통일을 지향하는 특수 관계이며, 한반도의 유일한 합법정부는 한국이다. 한국은 중국 및 러시아와 수교했지만 북한은 미국이나 일본과 수교하지 못했다. 정전선언, 평화협정 체결은 북미 수교와 북일 수교로 이어지게 되며, 이는 북한도 국제사회로부터 합법적 정부임을 인정받는 계기가 된다. 남북한은 이제 별개의 국가가 되며 더 이상 통일을 지향하는 특수관계의 지위를 누릴 수 없게 된다. 한반도는 엄청난 변화를 앞두고 있다.

셋째, 북한은 시장이 된다. 북한이 가장 힘들어 하는 경제제재를 하나만 꼽는다면 미국의 적성국교역금지법(Trading With the Enemy Act)이다. 북미 간에 수교가 이루어지면 북한은 더 이상 적성국이 아니며, 이 법의 적용에서 벗어나게 된다. 북한은 2,500만명의 인구를 가진 시장이며, 백지 상태의 경제가 개혁개방을 시작한다. 북한은 내부적으로 시장개혁을 추진 중이며, 27개의 특구를 개방해 놓은 상태다. 중국이 1972년 핑퐁외교를 통한 미국과의 관계 개선 이후 1978년 개혁개방을 추진했던 사례를 봐야 한다. 한반도의 지정학적 특성을 살릴 수 있는 거대 프로젝트들이 가능해지며, 중국과 연결되는 고속철도는 일본까지도 연결될 수 있다. 러시아의 가스자원은 한반도를 거쳐 일본으로 갈 수 있으며, 중국을 거쳐 한반도로 들어올 수도 있다. 이러한 작업은 북한 전력 및 통신망 구축 작업과 연계될 수 있다.

2. 신한반도 경제구상의 재해석

문재인 대통령은 야당 대표시절이던 2014년에 이미 '신한반도 경제지도'를 주창해 왔다. 그리고 2017년 7월 독일 쾨르버 재단 초청 연설에서 베를린 구상을 내놨다. 이 연설의 근간은 신한반도 경제구상이다. 한반도의 긴장과 대치국면을 근본적으로 전환시켜 남북한이 함께 경제 번영을 누리자는 내용이다. 2018년 8·15 경축사에선 동북아 지역으로의 확장 의지를 밝혔다. 동아시아 철도공동체를 공식 제안하기도 했다. 한반도 신경제구상은 과거 정부의 대북정책과 큰 차이가 없어 보이지만, 실제로는 세 가지 근본적 차이가 있다.

첫째, 평화를 우선한다. 과거에는 경제교류를 통해 서로를 이해하고 이를 바탕으로 평화를 만들어 나가자는 것이었다면, 지금은 우선 평화부터 만들고 이를 기반으로 교류 협력을 해 나가자는 것이다. 북한의 비핵화, 정전협정 그리고 평화협정의 궤도는 한반도의 평화를 정착시키는 작업이다. 1991년 12월 남북기본합의서 채택, 2000년 6월 1차 남북정상회담, 2007년 10월 2차 남북정상회담 등을 통해 지난 30년 가까이 남북한은 관계개선을 추구해 왔다. 수많은 노력에도 불구하고 진전이 없었던 이유는 결국 평화 때문이라고 문재인 대통령은 생각한다.

둘째는 상생이다. 과거에는 북한에 우선적으로 지원하고 북한의 변화에 맞춰 경제교류를 확대해 나가자는 방식이었다. 변화를 거부하는 북한을 전제하고 반 강제적으로 변화시켜야 한다는 생각이 저변에 깔려 있었다. 지금은 북한 스스로 변화하고 우리는 이를 지원하면서 이득을 얻을 수 있어야 한다는 것이다. 분단 이후 한국경제는 삼 면이 바다이고 한 면은 절벽인 섬나라 아닌 섬나라라는 지정학적 환경에서 성장발전해 왔다. 북한이 스스로 문을 열면 한국은 더 이상 섬나라가 아니며 대륙과 연결된 거대한 시장을 겨냥할 수 있다. 이 과정에서 북한경제는 기초를 다지고 경제성장을 이어갈 수 있다. 북한을 억지로 변화시켜 강제로 통합하는 방식을 지양하고 북한 경제의 자생력을 강화하며, 북한이 자체적으로 경제 발전을 구가할 수 있는 환경이 만들어진다. 이렇듯 남북한의 상생을 기본으로 한다.

셋째는 동북아의 경제공동체를 지향한다. 한반도에 평화가 정착되면 남북한만의 경협을 넘어 동북아의 지역 발전이 도모된다. 북한은 동북아 지역의 블랙홀이었다. 동북아 국가들의 경제력과 경제체제의 차이로 인해 경제공동체를 꿈꾸지 못했던 것도 있지만, 북한이라는 블랙홀로 인해 서로의 협력을 시도하기도 어려웠다. 한반도 신경제구상은 동북아 경제공동체의 시발점을 한반도에서 만들어 가자는 것이다. 남북한의 8천만 시장을 넘어 동북아 5억 이상의 거대시장을 꿈꾼다. EU경제공동체는 동서독 분단 이후 서독의 아데나워 정부가 철강공동체를 내세워 서방국들과 협력을 이끌어 내기 위한 수단으로 시작됐다. 독일 통일과 함께 유럽 통합은 가속화됐고, 결국 유럽통합의 중심에 통일 독일이 자리매김하고 있다. 북미 관계가 정상화될 경우 남북한은 독립된 국가 형태를 취하게 된다. 변화된 시대에 맞는 새로운 통일 방식이 필요한 이유다.

3. 북한은 북한식 개혁개방을 모색 중

북한이 경제문제 해결을 위해 어떤 방식의 변화를 모색할지를 놓고 중국식과 베트남식이 거론되곤 한다. 양 방식의 차이는 세 가지다. 첫째, 대외환경 개선의 선후 문제다. 중국은 1970년대 초반 핑퐁외교를 통해 미국과의 관계 개선을 먼저 추진하고 1978년 개혁개방 노선을 채택했다. 반면 베트남은 미국과의 관계 개선없이 1986년 도이모이 정책을 추진했는데 성과가 지지부진했고 이후 1990년대 중반 미국과의 관계 개선을 추진하여 지금의 베트남 시장이 됐다. 두 번째는 투자 자본의 성격이다. 중국은 개방 초기에 화교 및 홍콩 자본을 겨냥해서 홍콩 인근의 심천과 광주 등을 개방했으며, 내부적으로 축적된 자본도 있었다. 중국은 초기부터 외자에 의존하기보다는 중국 및 화교자본을 활용했기 때문에 독자적인 노선을 걸을 수 있었다. 반면 베트남의 개혁개방은 IMF 등 국제금융기구의 자금이 주축이 됐다. 이들은 베트남의 개혁정책에 적극 개입하면서 정책지원을 했기 때문에 베트남은 독자노선을 걷기가 어려웠던 측면이 있다. 세 번째는 개방의 순서다. 중국은 홍콩 인근의 심천과 광주를 먼저 개방하고, 이후 연안지역의 도시들을 선으로 연결하고, 마지막으로 내륙으로 확장하는 3단계의 개방 전략을 구사했다. 반면 베트남은 전역을 일시에 개방했다. 경제특구가

지정되어 각종 특혜를 제공했지만 중국과 같이 특정 일부지역만 시범적으로 개방한 것이 아니다. 지금 북한은 중국식의 대외환경 조성에 나섰다. 아무리 부정을 해도 미국은 국제질서를 유지하는 핵심 국가임은 사실이다. 미국과의 관계 개선없이 개혁개방을 추진한다고 해도 효과를 보기 어렵다는 점을 베트남의 사례에서 알 수 있다. 남북한은 지난 30년 가까이 교류와 협력을 시도했지만 번번이 중단되었다. 그렇기 때문에 북한은 이번 북미정상회담의 기회를 놓칠 수 없을 것이다.

대외적 환경이 개선되면 중국식과 베트남식이 혼용된 자본 조달을 추진할 것으로 예상된다. 북한은 경제적으로 성공한 남한이 옆에 있다. 마치 중국의 홍콩 및 화교 자본과 유사하다. 북한이 남북관계 개선에 나서는 이유도 궁극적으로 여기에 이유가 있을 것이다. 그리고 비핵화에 따른 국제사회로의 편입 과정에서 국제금융기구들이나 타국으로부터 개발 자금을 확보할 수 있을 것이다. 이러한 자본 조달 방식이 동시에 이루어지기 때문에 중국과 베트남의 혼용된 형태가 예상된다.

마지막으로 북한은 이미 5개의 경제특구와 22개의 경제개발구를 지정한 상태다. 이는 베트남식을 의미한다. 북한이 추구하는 모델은 중국식도 베트남식도 아닌 북한식이다.

미국과의 관계개선은 북한이 경제문제 해결에 나서기 위한 전제조건이다. 신한반도 경제구상에서 평화가 우선이라고 강조하는 이유도 바로 여기에 있다. 경제교류와 협력은 평화를 기반으로 한다. 북한도 이러한 환경을 만들기 위해 비핵화를 들고 나왔을 것이다. 그만큼 절박하기 때문이다.

4. 과거의 틀에서 탈피해야

문재인 정부는 북미정상회담에서 긍정적 결과가 도출될 것을 기대한다. 문제의 본질을 흐릴 수 있는 우려 때문에 남북경협에 대한 언급을 최대한 자제하고 있다. 정부 부처는 물론, 기업들도 책상에 넣어 두었던 경협 사업들을 다시 꺼내서 검토하고 있다. 파주의 땅값이 들썩이고, 경협 관련주들은 오르고 있다. 중국 등 제3국에서는 북한측과 사업 협의를 위한 접촉들이 빈번해지고 있다.

그런데 모처럼 찾아온 기회를 극대화하기 위해 오히려 차분해져야 한다. 급하게 먹는 밥은 체하게 되어 있다. 과거의 틀, 즉 북한의 변화를 유도하기 위한 교류와 협력이라는 틀을 현재에 적용하면 안된다. 북한이 스스로 변화를 택하고 나오고 있기 때문이다.

4·27 판문점 선언에서 기존 남북 간의 합의를 준수하고, 우선적으로 연락사무소 개설, 이산가족 상봉 및 경의선과 동해선 연결 사업을 추진하기로 했다. 이러한 사업들을 추진하기 위해서는 먼

저 국제사회의 대북제재가 풀려야 한다는 점은 모두가 인식한다. 북미정상회담이 긍정적 결과를 낼 것이라고 예상하면 국제사회의 대북제재는 순차적으로 풀려갈 것이다. 그러나 남북 간에는 경제 운영 방식에 근본적 차이가 있다는 점을 서로가 인정해야 한다. 북한이 하루아침에 시장경제를 받아들일 수도 없고, 남한은 북한의 시장경제 도입을 강요할 수만도 없다. 서로 다른 체제 간에 원활한 경제교류를 가능케 하는 완충 장치가 필요함을 의미한다. 남북 간에는 이러한 문제에 원칙적 합의를 보았지만, 이런 저런 이유 때문에 실행에 옮기지 못했다. 남북 간 교류와 협력에 관한 합의서를 새로운 시대에 맞게 재조정하는 작업부터 시작해야 한다.

남북 간에 종전선언과 평화선언을 하게 되면 종전의 내국간 거래를 지속할 수 있을지 판단을 해야 한다. 국제사회에서 북한에만 유리한 교역 조건을 허용하는 것에 대해 이의를 제기할 경우 어려움에 봉착할 수 있다. 남북한의 내국간 거래방식을 대체할 수 있는 협정 체결을 서둘러야 하는 이유다.

경제교류에는 자본의 이동이 필수다. 금융거래 방식에 대해서도 구체적인 협의가 필요하다. 초기의 남북경제교류는 무역과 임가공 사업이 중심이 될 터인데, 대금결제를 위한 은행간 신용장 개설이 안되는 것이 현실이다. 달러기준으로 결제를 할 때 북한의 시장환율로 할지, 공식환율로 할지도 정해야 한다. 양 환율의 차이가

80배 이상 나기 때문이다. 인적교류를 위해 초청장 발급은 어떻게 할 것인지, 비자문제는 어떻게 해결할 것인지, 기존과 같이 북한의 민경련이나 민화협을 통해야만 교류할 수 있는 것인지 등등에 대한 재협의가 필요하다. 이렇듯 지속성과 안정성을 유지하기 위해 시스템을 재구축하는 일부터 우선해야 한다.

북한의 경제개발에 남한의 자본과 노하우는 마중물이다. 남한이 모든 것을 다해야 한다는 강박과 착각에서 벗어나야 한다. 북한 경제 개발의 주체는 북한이다. 북한 당국이 국제사회의 일원으로 참여하는 데 남한의 노하우를 활용할 수 있도록 도움을 줄 수 있다. 북한 스스로 유무상의 차관을 도입하여 철도, 도로를 깔고 발전소를 건설하는 데 도움을 주고, 필요하다면 자본 참여도 할 수 있을 것이다. 남한의 해외무역망을 북한이 이용할 수 있는 편의를 제공할 수도 있다.

무분별한 대북지원은 오히려 독이 될 수 있다. 인도적 지원으로 북한에 연탄을 제공한 사례가 있었는데 북한에는 연탄을 사용할 시스템이 부족하다. 그래서 남한에서 지원한 연탄을 부수어 자신들의 시스템에서 사용할 수 있도록 다시 만드는 작업을 했다. 우리 기준의 대북지원이 아니라 북한에서 필요로 하는 지원사업을 고려해야 한다.

남북한 경제협력은 북한의 폐쇄성으로 제한됐던 동아시아 지역과의 연계로 확장될 수 있다. 동아시아 지역은 이미 협력과 연계가 이루어지고 있다. 북한을 동아시아 자본의 놀이터, 즉 동아시아 협력의 플랫폼으로 만드는 노력이 필요하다. 초기 북한 개발에는 한국 및 일본 자본이 주요한 역할을 담당할 수밖에 없다. 여기에 미국을 비롯하여 중국과 러시아 및 유럽 등 세계 각국의 자본들이 모여들 수 있는 매력적인 사업들을 개발하여 투자를 유치해야 한다. 이는 남북한 공동의 노력이 필요하다. 동아시아 경제공동체는 산업분야별 협력에서 시작된다. 문재인 대통령은 시발점을 남북한 철도 연결로 삼아 이를 계기로 동아시아 철도공동체를 제안했다. 북한 개발을 플랫폼으로 하여 에너지, 철강, 도로, 관광, 도시, 생태, 환경 등의 분야별 공동체로 확장해 나갈 수 있다.

5. 북한 개발의 주체는 북한

북한은 개혁과 개방이라는 표현을 사용하지 않지만, 이미 추진하고 있다. 시장개혁은 '포전담당제'와 '사회주의기업경영책임제'로 대표된다. 포전담당제는 사실상 개별 가구단위로 토지를 분배한 개념이다. 사회주의기업경영책임제는 기업이 스스로 기업구성원들의 생활을 책임지도록 하는 개념이다. 아직은 개별 주체들이 선택하여 받아들이고 있지만, 농업 및 공업부문의 생산성이 올라감에 따라 점차 이 제도를 받아들이는 주체들이 늘고 있다. 시장의 개인자본도 국가사업에 투자할 수 있는 길이 열려 있다. 그리고 5개의 경제특구와 22개의 경제개발구를 열어놓았다. 경제특구는 중앙정부 차원에서 직접 관리하고 과실을 가져가는 기존의 개방 방식이라 한다면, 경제개발구는 지방단위의 개방이다. 지방정부의 재정을 충당하고 과실을 가져가기 위해 소규모 단위로 개방한다. 평양지역도 포함되어 있다는 점을 주목할 필요가 있다. 이렇듯 북한은 김정은 정권 출범 이후 사실상 개혁과 개방을 위한 내부 준비를 해오고 있다.

그러나 중국이 개혁개방의 성과를 거두는 데 홍콩 및 화교자본에 대한 우대정책을 비롯하여 수많은 법과 제도, 시스템 구축이 수반됐다는 점을 북한은 명심해야 한다. 중국만 하더라도 경제의 투명성을 유지하는 데 수십 년의 시간이 걸렸다. 남한이 이를 대신할 수 없다. 북한당국 스스로 이 시스템을 구축하는 데 적극성을 보여야 한다. 경제제재만 풀리면 해외자본이 물밀 듯 들어갈 것이라고 생각해서도 안된다. 해외자본이 북한에 들어올 수 있도록 좋은 환경을 만드는 것은 북한 몫이다. 지금까지는 북한은 변화를 거부해왔고, 외부세계는 북한을 억지로 변화시키려고 했기 때문에 북한식 특수성이 이해될 수 있었다. 그러나 앞으로 북한식 특수성은 오히려 북한이 해외자본을 유치하는 데 걸림돌이 될 뿐이다. 외부의 변화 요구로부터 체제를 방어하기 위해 수많은 규제와 비관세 장벽을 만들어 왔지만, 이제 규제와 비관세 장벽을 하나씩 풀어나가야 한다.

남북경협은 물론 국제사회와의 경제협력을 위해 북한이 먼저 해야 할 일은 사회간접자본을 확충하는 일이다. 사회간접자본 확충에는 많은 자본이 필요하지만, 북한 스스로 자본을 조달해야 한다. 국제금융기구, 외국정부로부터 유무상의 차관을 도입하려면 북한의 신용이 좋아야 한다. 초기에 북한의 신용도를 보완하는 데 남한의 도움이 필요할 수 있다. 남한의 자본을 마중물로 하여 국제자본을 유치하는 데 활용할 수 있다. 이를 위해 남한의 전문가들과 각종 시스템을 활용할 수 있을 것이다. 그럼에도 불구하고 개발의 주체는 북한이다.

북한은 그동안 무상으로 받는 것에 익숙해 있다. 국제사회가 대북제재를 했기 때문이기도 하지만 북한이 변화를 생각하지 않았고 국제사회는 무상지원을 통해 북한을 변화시키려고 했기 때문이다. 북한은 지금 스스로 변화를 택하고 있다. 그에 따른 보상이 수반되겠지만, 북한의 경제개발 모델을 상품가치가 높은 사업으로 만들어야 한다.

개성공단 사례를 보면 북한은 개방을 거부하지만, 남한기업들에게 특별히 돈벌이를 할 수 있도록 땅과 인력을 제공한다는 생각을 가지고 있었다. 그래서 개성공단 개발 자체를 남한 자금으로 했다. 그러나 다른 특구 지역들은 다르다. 북한이 공단을 개발하는데 소요되는 자금과 기술을 자체적으로 조달해야 한다. 남한에서는 북한에서 요구한다면 기술과 노하우를 제공할 수 있지만, 공단개발을 남한자본으로 전부 한다는 생각은 버려야 한다.

6. 6대 경협사업 제안

한반도 경제구상을 위한 남북경협 사업은 국제사회의 대북제재와 궤를 같이 한다. 남북경협이 본격화되기까지 넘어야 할 산들이 많다. 그럼에도 준비는 해야 한다. 통일부를 중심으로 다양한 경협사업들을 구상하고 있을 것이다. 한반도의 H형 개발을 비롯하여 새로운 공단개발 및 지하자원 개발방안 등을 모색할 듯하다. 그런데 '새 술은 새 부대에'라는 말이 있다. 한반도의 평화를 기반으로 하는 한반도 신경제구상은 과거 정책의 연장선 상에 있지만 환경의 변화에 따라 경협의 성격도 근본적으로 다를 수밖에 없다. 이런 차원에서 6가지의 경협 사업을 제안해 본다.

첫째, 100억 달러 규모의 남북한 통화스왑이다. 국제사회의 대북제재와 5·24 조치 등이 순차적으로 완화될 경우 남북경협은 교역과 임가공 사업을 중심으로 재개될 전망이다. 인도적 차원의 대북지원도 활기를 띨 것이다. 최근 북한의 대외무역 규모는 약 70억 달러에 이르기도 했다. 남북경협이 한창이던 시절 남북교역 규모는 개성공단을 포함할 경우 약 30억 달러 정도였다. 북한경제의 규모를 감안할 때 100억 달러 규모의 남북한 통화스왑은 차고도 넘칠 수 있다. 그럼에도 남북한 경제교류의 안정성과 지속성을 유지하기 위해 이 정도의 통화스왑은 필요하다. 통화스왑을 협의하게 되면 북한의 이중화된 환율 적용을 위한 협의, 은행간 거래를 위한 협의, 연간 단위의 청산결제 방식과 교역 범위의 규정 등 북한의 현실을 반영하고 국제사회의 접점을 찾기 위한 다양한 논의들이 필요하다. 장기적으로 남북한의 단일 화폐를 위한 포석이 될 수도 있다. 북한경제는 자국 화폐에 대한 불신으로 달러가 대신 통용되는 달러라이제이션이 심화되어 있지만, 북한 화폐의 기능을 정상화하는 데도 기여할 것이다. 북한에도 통화정책이 필요해질 것이다. 통화스왑에 의한 파급효과는 엄청날 것으로 예상된다.

둘째, 남북한 FTA(다른 유형도 가능하다)의 체결이다. 현재 남북한 경제교류는 남북기본합의서에 근거한 남북한 교류협력에 관한 합의서에 기초하고 있다. 남북한은 통일을 지향하는 특수 관계이며, 내국간 거래로 간주한다고 되어 있다. 남북한 교역은 무관세로 이루어지고 있다. 구체적인 제도와 규범보다는 관례에 따랐던 것이 현실이다. 무관세를 위한 원산지 확인을 비롯하여, 대금 결제 방식, 상품코드 등 일관된 제도와 원칙이 없었기 때문에 상대적으로 무질서했을 뿐 아니라, 확장성도 부족했다. 타국산 제품에 비해 무관세로 인한 경쟁력을 남북한이 나눠 가지다 보니 발전성도 미흡했다. 이를 위해 남한과 북한은 서로의 경제통계를 공유해야 한다. 북한의 경제통계 추계 시스템을 패키지로 지원하는 방안도 강구해야 한다. 남북한 FTA는 새로운 질서를 형성하는 계기가 될 것이다.

셋째, 북한 전력공급 정상화 프로젝트다. 북한경제의 최대 애로요인은 전력부족이다. 구조적으로 북한은 1970년대 수준의 전력공급 능력에서 벗어나지 못하고 있다. 기존 발전소의 개보수 작업이 지연됨에 따라 생산성이 극도로 저조하다. 발전소 터빈이 절대적으로 부족하다. 송배전 시설의 노후화로 전력손실율은 40% 이상에 달한다. 반면 북한의 산업은 1970년대에 이미 전력화되었기 때문에 전력부족은 치명적이다. 그러나 전력공급을 하루아침에 정상화하기는 불가능하다. 세밀한 계획 하에 전력공급 정상화 프로젝트가 필요하다. 우선 남한에서 생산한 전력 터빈을 북한에 공급하는 일부터 시작해야 한다. 동시에 송배전 시설을 개선하기 위한 작업도 병행해야 한다. 이를 위해 남북한이 공동으로 합영전력공사를 설립하고, 북한의 전기료를 징수하여 투자비를 장기적으로 회수하는 방안을 강구해야 한다. 송배전 설비 수요에 대응하기 위해 북한지역에 원료 입지형 송배전 설비 공급 공장을 설치하고 남북한이 공동으로 활용할 수 있는 길을 모색해야 한다. 장기적으로 전력공급 능력을 확충하기 위해 경수로 발전소를 비롯하여 태양력과 풍력, 조력을 이용한 재생에너지 사업도 전개함과 동시에 북한에서 생산한 전력을 남한은 물론 동북아 역내 국가들에 판매하는 방식도 구상할 수 있다. 러시아와의 가스관 연결 프로젝트를 추진하면서 천연가스를 원료로 하는 화력 발전소 건설도 구상해 봄 직하다. 전력공급프로젝트는 전후방 연관효과를 감안할 때 북한의 산업구조를 개선하는 효과를 기대할 수 있다.

넷째, 남북한 고속철 연결 사업이다. 북한의 철도는 대부분 노후화되었다. 남북한 철도를 연결할 경우 대부분의 구간을 다시 깔아야 한다. 국내 철강관련 회사들은 북한의 노후화된 철로를 재활용하는 데 단기적인 관심을 보이기도 한다. 역발상을 해보자. 북한은 백지상태이므로 단계를 거치지 않고 최신 시스템을 도입할 수 있다. 기득권의 반발도 존재하지 않는다. 중국, 한국, 일본은 이미 고속철 단계로 넘어간 상태다. 철도 연결은 단순히 남북한 사이의 연결만으로는 경제성을 확보할 수 없다. 중국-남북한-일본을 연계하는 고속철 건설을 구상하고, 이를 통한 동북아의 철도공동체를 지향한다. 북한지역 고속철 연결을 위해 남한, 중국, 일본이 참여하는 국제프로젝트로 발전시키고 장기적인 투자회수 방안을 마련해야 한다. 당연히 경제성 분석이 먼저일 것이다. 유사한 예로 북한지역의 통신망 구축 작업을 들 수 있다. 북한은 유선통신망 단계를 넘어 무선통신과 광통신으로 바로 연결될 수 있다. 전화사업을 현재의 무선통신망보다 앞선 와이파이 통신망으로 구축하는 것도 방법이다. 가격과 비용이 저렴한 반면 기득권의 반발도 없기 때문에 북한지역 자체가 새로운 통신망의 시범구역이 될 수 있다. 북한의 수많은 IT 인력을 활용할 수 있는 기회이기도 하다.

다섯째, 북한개발 프로젝트를 위한 주식거래소 개설이다. 북한개발 프로젝트는 근래에 보기 드문 대규모 사업들이 줄줄이 이어질 수 있다. 엄청난 자본을 필요로 한다. 남한에 북한 개발 프로젝트를 위한 주식거래소를 개설하여 세계 각국의 자본이 참여할 수 있는 장을 만드는 것이다. 여기에는 앞서 언급한 전력공급 프로젝트, 고속철 프로젝트 등도 포함될 수 있다. 또한 북한의 유망 기업들을 발굴하여 국제자본거래에 합당한 수준으로 리모델링 하고 상장할 수 있다. 북한지역에 당장 주식거래소를 개설하기는 불가능하기 때문에 남한지역에 설치하고 장기적으로 북한지역으로 이전하는 방안을 고려해 볼 필요가 있다. 좀 더 나간다면 블록체인의 개념을 도입하는 것도 한 방법이 된다. 주식거래소를 세계자본시장에 개방하면 자연스럽게 북한개발은 동아시아 협력을 위한 국제자본의 놀이터가 될 수 있다.

여섯째, 스마트 시티 건설이다. 북한은 기득권이 없다. 물론 북한사회의 오랜 폐쇄성으로 인해 화석화된 제도와 관념들이 일종의 기득권이 될 수는 있지만, 이해관계에 따른 기득권은 없다. 북한 개발의 기본은 4차 산업혁명과 연결돼야 한다. 북한의 경제개발구 등을 대상으로 인구 3~5만 정도의 스마트 시티를 건설하는 것이다. 각 지역의 특성에 맞춰 스마트 팜이 중심이 되는 스마트 농업 도시, 의료를 중심으로 하는 스마트 의료도시, 의류생산을 중심으로 하는 스마트 의류 도시, 재생에너지를 활용하는 에너지 스마트 도시 등 새로운 개념의 미래 지향형 도시를 구상해 본다. 이 도시에는 무인 자동차를 활용하며, 블록체인으로 연계된 금융시스템을 구축한다.

이상의 여섯 가지 경협 제안은 비현실적으로 비쳐질 수 있다. 그러나 비핵화와 체제안전보장을 놓고 북미 정상간에 담판을 벌이는 것 자체도 비현실적이다. 한반도를 둘러싸고 그동안 비현실적이라고 여겨졌던 일들이 전개되고 있다. 이와 연계되어 한반도 신경제구상은 남북한 모두에게 새로운 도전이자 기회다. 남북한은 물론 주변국가들에게도 도전이자 기회다. 모처럼 만들어진 기회를 적극 살려 나가는 노력과 인내가 필요하다. 지금까지의 사고에서 벗어나 상생의 협력을 모색해야 한다. 평화의 과실을 효과적으로 따먹기 위해서 남북한은 평화의 나무를 건강하게 키워 나가야 한다. 과거의 틀에 얽매여 과거의 방식을 고집하며 빠른 성과를 기대

해서는 안된다. 다시 한 번 두가지를 강조한다. '새 술은 새 부대에' '급하게 먹는 밥은 체한다'

03 트럼프 국가안보전략 이해의 쟁점

이혜정 중앙대 정치국제학과 교수

트럼프 국가안보전략 이해의 쟁점

1. 트럼프 쇼크

1) 트럼프 정책의 실체 논쟁

2016년 트럼프의 당선은 미국 사회 전반에 쇼크를 안겼다. 당선 직후부터 그 이듬해 1월까지 미국 내 가장 큰 화두는 '후보자 트럼프와 대통령 트럼프가 같을 것인가, 다를 것인가'였다. 후보자 트럼프와 대통령 트럼프가 다를 것이라고 예측하는 사람들은 미국 주류의 힘을 믿었다. 첫째로 국내정치는 기존의 공화당이 해왔던 방식으로, 공화당 주류인 하원의장 폴 라이언Paul Ryan[1]이 가르칠 것

1) 48세인 그는 1998년 28살에 정계에 입문해서 정치경력 20년, 하원의원 10선의 차기 대통령으로 거론되는 공화당 1인자이다.

이다. 둘째로 외교안보정책 분야는 기존의 방식대로 매티스James Mattis 등 노련한 경험자들이 길들일 것이라고 기대했다.

그러나 현재 대부분의 기대는 무너지고 있다. 국내 정치에서 미국의 주류는 트럼프를 길들이지 못했다. '공화당이 아니라 트럼프당이 되었다'라는 표현이 가장 큰 증거라 볼 수 있다. 게다가 공화당 하원의장 폴 라이언은 내년 1월 임기를 끝으로 정계를 은퇴하겠다고 선언했다. 은퇴 사유는 세 아이의 아버지로 가정에 충실하겠다는 것인데, 미 의회정치에서 하원의장의 영향력이 막대한 것을 감안하면 굉장히 무책임한 태도이다. 뿐만 아니라 공화당의 대표적인 의제인 균형예산, 자유무역, 강한 국가안보 또한 기존과 다른 양상이다. 공화당의 입장은 전통적으로 탈규제, 감세를 주장해왔다. 그러나 현재 균형예산은 완전히 철폐되고 있다. 오바마 정부 당시 연방정부가 폐쇄되었던 것을 생각해보면 놀라운 일이다.[2] 자유무역도 물론 무역전쟁으로 깨졌다. 강한 국가 안보 또한 러시아와의 관계로 기존의 문법을 깼다.

트럼프 정책의 실체 논쟁은 당선 직후부터 계속되어왔다. 먼저

---

2) 미 상 · 하원이 2013년 9월 30일까지 건강보험개혁법(오바마케어)이 포함된 2014회계연도 잠정 예산안 합의에 실패하여 2013년 10월 1일부터 미 행정부는 셧다운(연방정부폐쇄)에 들어간 바 있다. 당시 공화당은 티 파티(Tea Party) 중심으로 해당 예산안에 대하여 강하게 반대하였다.

그 실체가 없다는 입장의 경우, 트럼프가 워낙 즉흥적이고 말과 행동에 차이가 있기에 트럼프 본인도 설명할 수 없는 국가안보전략 보고서를 분석하는 것이 의미가 없다고 본다. 한편으로는 수사만 보면 기존의 공화당 문법과 별 차이가 없다는 입장도 있다. 그러나 무역, 이민정책 등으로 보아 전통적인 공화당과는 분명한 차이가 있는 것으로 판단된다. 결국 차이가 있다면 '얼마나 큰 차이인지'가 쟁점이 되는데 한국의 입장이 아니라 미국 내의 다양한 입장에서 살펴보는 것이 필요하다.

2) 미국 주류 담론의 입장 변화

트럼프에 대한 평가가 엇갈리는 것은 취임 직후부터 지금까지 통시적으로 살펴볼 때 확인할 수 있다. 트럼프가 2017년 1월 20일 취임하자마자 23일 첫 번째 서명한 행정명령은 TPP(환태평양 경제동반자 협정, Trans-Pacific Strategic Economic Partnership) 탈퇴였다.[3] 이는 미국 우선주의, 보호무역주의의 신호탄이었다. 이어서 27일 국가안보를 위한 반 이민 행정명령에 서명했다.[4] 이 당시에는 트럼프가

3) 오바마 전 미국대통령과 아베 신조 일본 총리가 추진한 세계 최대 규모의 자유무역협정으로 태평양 연안의 여러 국가들을 하나의 경제 협상지역이자 자유무역지대로 설정함으로써 다국가 협상을 일괄적으로 체결하는 것이 목적이다.

4) 미국의 안전을 위해 이라크, 이란, 리비아, 소말리아, 수단, 시리아, 예멘 등 7개국에서의 미국 입국을 잠정적으로 중단시킨다는 무슬림 입국 금지 명령이다.

정말 기존의 문법을 깨고 후보자 시절의 공약을 그대로 이행할 것으로 여겨졌으나, 2017년 봄에는 트럼프가 일정하게 대외정책의 기존 문법을 수용하고 있는 것 아니냐는 평가들이 나왔다. 예를 들면, 3월 1일 뉴욕 타임즈의 마크 랜들러Mark Landler는 '미국 우선주의에서 조금 더 전통적인 미국 외교로(From America First to a more conventional view of U.S. diplomacy)'라는 기사를 썼고, 4월 3일 피터 베이커Peter Baker는 트럼프가 대통령에 취임한 이후 현장학습을 통해서 선거공약을 반전시키고 있다(For Trump, a steep learning curve leads to policy reversals)는 평을 내리기도 했다. 또, 미국의 국제주의 혹은 패권주의를 대표한다고 볼 수 있는 포린어페어Foreign Affairs지 7-8월호에는 놀랍게도 트럼프가 전통적인 외교를 하고 있다(Eliot Abrams, Trump the Traditionalist: A surprisingly standard foreign policy)는 평가가 실리기도 했다.

그러나 2017년 6월의 파리기후협약 탈퇴, 12월의 미국우선주의 국가안보전략과 이스라엘 미 대사관의 예루살렘 이전 발표, 2018년 김정은과의 정상회담 및 G7 정상회담과 나토 정상회담에서의 불화, 푸틴과의 단독 정상회담, 그리고 동맹국 및 중국에 대한 관세전쟁 등을 거치면서, 트럼프에 대한 평가는 완전히 주류에서 벗어닌 후보자 트럼프로 선회했다는 것으로 바뀌었다.

3) 전통과의 연속성 그리고 단절

트럼프의 대외정책 결정은 즉흥적이지만, 세 가지 점에서는 대단히 일관적이다. 첫째는 자유무역에 대한 반대이다. 둘째는 동맹에 대한 반감 혹은 동맹의 가치를 인정하지 않는다는 점이다. 셋째는 스트롱맨(strongman)에 대한 동경으로, 푸틴, 김정은과의 관계이다. 말하자면, 트럼프는 아이켄베리John Ikenberry[5] 식의 자유주의 국제질서인 자유무역-동맹-가치의 삼위일체를 파괴하고 있는 것이다. 즉, 미국의 주류는 초당파적으로 트럼프가 자유주의 국제질서를 파괴하고 있다고 비판한다. 그럼에도 불구하고 공화당 일부나 일군의 학자들이 트럼프를 옹호하는데, 이들은 트럼프의 행보가 보수주의 국제주의의 부활 혹은 복원을 의미한다고 본다.

이러한 관점의 차이는 이념 논쟁, 역사(왜곡) 논쟁, 정치 논쟁이 섞여 있는 것으로 매우 복합적이다. 마치 '한국의 정체성을 1919년에서 찾느냐, 1948년에서 찾느냐'와 같은 문제인 것이다. 트럼프를 옹호하는 입장은 시어도어 루즈벨트Theodore Roosevelt나 트루먼Harry S. Truman, 아니면 레이건Ronald Wilson Reagan과 트럼프가 사실은 다른 것이 없다고 본다. 트럼프의 행보가 보수주의 국제주의라는 미국의 전통에서 벗어나지 않는다는 것이다.

---

5) 정치이론 분야의 세계적인 석학, 미국 프린스턴 대학교 석좌교수

한편, 기존 주류의 '트럼프가 자유주의 국제질서를 깨고 있다'는 주장을 공격하는, 즉, 자유주의 국제질서 자체가 신화이고 오류라고 비판하는 두 가지 시각이 있다. 하나는 미국의 주요 싱크탱크인 케이토 연구소Cato Institute 중심의 자유지상주의자들, 리버테리언(libertarian)들의 비판이고, 다른 하나는 미국의 힘이 현실적으로 한계에 도달했다고 보는 현실주의의 입장이다.

▶보수 일부의 옹호론 (트럼프 1년 평가)

(1) 헤리티지 재단

보수의 아이콘은 여전히 레이건이다. 보수 진영 최상의 평가는 트럼프를 레이건에 견주는 것이다. 헤리티지 재단Heritage Foundation은 자유 기업과 제한적인 정부, 개인의 자유, 전통적인 미국의 가치, 국방 강화 같은 원칙에 기반을 두고 각종 정책을 정부, 의회, 언론계, 학계 등에 제안하는 보수주의 성향의 정책연구기관이자 싱크탱크이다. 이 재단에서 제안한 664개 정책 중 트럼프 재임 1년 동안 시행한 것이 64%인데, 이것은 레이건 정부 1년차 실적 49%보다 훨씬 높은 것으로 트럼프를 밀어줘야 한다는 게 이 재단의 입장이다.

(2) 내셔널 인터레스트

내셔널 인터레스트The National Interest는 트럼프를 옹호하는 잡지이다. 2017년 12월에 잘메이 칼릴자드Zalmay Khalilzad는 트럼프의 국가안보전략을 긍정적으로 평가하는 글을 실었다. 그는 '단극시대 힘의 우위를 상실한 현실을 인식해야 하며 트럼프가 가치를 포기한 것은 아니며 미국의 이익을 우선으로 지키면서 경제력을 복원하고 군사력 우위를 보존하고 있는데 그게 무슨 잘못인가?'라고 트럼프를 지지했다.

(3) 내셔널 리뷰

내셔널 리뷰National Review에 헨리 나우Henry Nau가 트럼프의 보수적 국제주의('Trump's conservative internationalism' Aug 23, 2017, National Review)라는 글을 실었다. 그는 이 글에서 보수주의 국제주의의 전통(이라고 주장하는 것)은 국가의 주권, 이익과 이념을 국제기구나 보편적 이념보다 우선시하는 것으로 루즈벨트, 트루먼, 레이건 등을 그 원조로 들었다. 헨리 나우는 자유주의 국제주의에 상반되는 보수주의 국제주의를 확정하고 그 틀에서 트럼프를 이해하고 옹호했다. 트루먼은 공산주의와 '공화정 민족주의'의 차별성을 분명히 인식했고 레이건은 전자의 붕괴를 이끌었으며 트럼프도 이들의 후예라고 본다. 단지 이들과의 차이는 국제환경으로 이제 더 이상 자유를 확산하는 시대가 아니라서 트럼프의 목적은 자유의 이득을 지키고 이를 위한 규율을 확보하는 것이라고 주장했다. 내셔널 리뷰는 미국의 정통보수임을 주장하면서 미국 공화당을 중심으로 한 신新보수주의자 네오콘Neocon으로 경도되지 않는 잡지임에도 불구하고 이런 내용을 실었다는 것이 주목할 만하다.

(4) 미국기업연구소 AEI

콜린 두엑Colin Dueck은 기업의 이익을 대변하기 위해 1943년 설립된 미국기업연구소 AEI(American Enterprise Institute) 소속이다. 그는 2017년 국가안보전략 NSS(National Security Strategy) 10개 주제가 모두 옳으며, 트럼프가 해야 할 일을 하고 있다고 주장했다. 2017년 NSS의 10개 주제는 1. 경쟁적 환경, 2. 미국은 국익 추구의 권리 보유, 3. 경제 경쟁력 복원이 미국 국력의 기반, 4. 동맹체제의 재균형, 분담과 통상 차원에서, 5. 국경 통제와 본토 방위의 중요성, 6. 미국 에너지 지배, 7. 다양한 상대들에 대한 압력, 8. 강대국 권력 정치 부활 인정, 9. 군사력 강화, 10. 지하드 테러리스트 색출 등이다.

▶주류의 비판

(1) 비판의 공통점

자유무역, 동맹, 권위주의에 대한 집중 공격이 보수-자유 진영의 공통점인 듯하다. 보수 내부에서 트럼프에 대한 찬반의 주요 기준은 레이건의 전통 승계 여부로, 트럼프는 레이건의 후예가 절대 아니라는 것이 반대자들의 기본 입장이다.

(2) 보수 진영의 반대

애런 프리드베르그Aaron Friedberg, 마이클 그린Michael Green, 필립 젤리코Philip Zelikow, 로버트 졸릭Robert Zoelick 등 트럼프를 반대하는 보수주의자 40여 명이 트럼프 개인의 자질, 도덕성, 국제정치 이해 수준 등을 집중적으로 비판하면서 2016년 미국 대선 기간에 트럼프 반대 서명을 했다. 결과적으로 이 서명은 자체 블랙리스트가 되어 버렸다. 한국 언론에 잘 알려진, 중앙일보에 칼럼을 쓰는 마이클 그린의 의견은 그런 의미에서 트럼프 행정부에 대한 영향력의 측면에서는 전혀 참고할 가치가 없다고 볼 수 있다. 물론, 그의 시각에서 일본과 한국에 대한 미국의 영향력 유지를 그 무엇보다 우선시하는 전통적인 워싱턴의 입장을 읽을 수는 있겠다.

(3) 자유진영의 반대

대표적으로 뉴욕 타임즈의 로저 코헨Roger Cohen은 트럼프의 2017년 국가안보전략은 코미디라고 주장했다. 전략이 없기 때문에 전략을 논의하는 것 자체가 의미가 없다는 것이다. 또한 오바마 정부의 유엔 대사였던 수잔 라이스Susan Rice는 '트럼프의 국가안보전략 보고서는 미국의 리더십 포기다. 리더십은 민주주의, 국제기구 등에서 형성되는데 이것들을 다 포기하면 무엇이 남겠는가?'라고 반문했다.

(4) 트럼프 반대세력의 혼란

트럼프에 대한 원한에 사로잡혀 트럼프의 실제 정책을 객관적으로 평가하지 못한다는 주장은 일리가 있다. 트럼프를 배태한 구조적 문제에 대한 성찰보다 러시아 대선 개입과 미국연방수사국(FBI: Federal Bureau of Investigation) 제임스 코미James Comey Jr. 국장의 클린턴 이메일 공개를 민주당 패배의 주요한 원인으로 보는, 혹은 그렇게 보고 싶은 유혹이 분명히 존재한다.

2. 트럼프는 원인이 아니라 결과다

1) 아이켄베리 신화

흥미로운 것은 자유주의 국제질서 주창자인 아이켄베리의 입장 변화이다. 그는 트럼프가 막 등장했을 때 기존 질서에 대한 위협 혹은 도전을 강조했었다. 그러나 현재 자유주의 국제질서는 굉장히 강력하기 때문에 트럼프의 도전이 기존 질서를 파괴할 정도는 아니라고 입장을 바꾸고 있다. 이러한 입장 변화는 대안이 없기 때문이라고 본다. 기존 질서가 다 깨져버리면 새로운 것을 만들어야 하는데 대안이 없다. 그렇기 때문에 트럼프의 도전을 과소평가하는 쪽으로 입장을 바꾸는 것이다. 결국 주류 내부에서는 '자유주의 국제질서가 구출 가능한 것인가'를 주제로 논쟁을 할 수밖에 없다. '트럼프가 3년 동안 기존의 질서를 더 붕괴시키면, 2020년에 재선에 실패한다고 해도 기존의 질서를 재건할 수 있는가'에 대한 것인데, 이는 45년 이후 질서, 즉 미국 패권의 정당성에 대한 논쟁이기도 하다.

그가 주류 중의 주류가 될 수 있었던 이유는 탈냉전시대에 미국 패권의 이데올로기를 만들어낸 대표적인 이데올로그(Ideologue)이기 때문이다. 그는 자유주의 국제질서는 대공황, 파시즘, 공산주의를 다 견뎌낸 아주 강력한 것이기에 트럼프가 그 질서에서 미국을 벗어나게 할 만한 능력이 없다고 주장한다. 이 속임수의 핵심은 제국주의를 부정하는 것이다. 주권의 위선, 개입, 위계 다 있지만 제국주의는 아니라는 주장이다. 그럼 무엇인가? 미국이 1945년 이후에 패권을 수립했다는 것은 전적으로 동의하나, 45년 이후의 질서가 지금의 질서와 같다는 것은 어불성설이다. 냉전이 끝난 후, 냉전기의 이념과 토대가 무너지고 있는 것이 현재의 도전이다. 역설적으로 트럼프의 가장 큰 도전은 정책이 아니라 담론인 것이다. 아이켄베리식 질서를 옹호하는 사람들은 현재도 이전의 미국과 크게 다르지 않다고 주장하지만 다르다. 가장 크게 다른 것은 이민과 민주주의를 대하는 관점이다. 사실 미국은 항상 인종차별이 있었고 민주적이지 않았다. 다만 현재는 그 가식을 벗어 던져버렸다. 이러한 차이 때문에 아이켄베리는 구체적인 정책 담론이 아니라 역사 논쟁을 끌고 간 것이다.

미국 내 논쟁의 이념적 성격에 대한 천착은 전혀 없이 한국에서는 규칙 기반 국제질서라는 표현이 직수입되어 곳곳에서 '전문가들'이 트럼프가 규칙기반과 국제질서를 깨고 있다는 논평을 하고 있다. 그러나 규칙기반, 국제질서라는 표현의 시초를 찾아보면 그리 오래되지 않았다. 2010년 미국 오바마 국가안보전략에서 처음으로 딱 한 번 나왔고 이후 2015년에 여러 번 나왔다. 즉, 미국이 자신의 지배력을 규칙기반, 국제질서라고 대통령 수준의 국가안전보장전략 문건에서 명문화한 것은 최근의 일이다. 45년 이후, 냉전 시기에 미국은 공산주의에 대해 반공이라는 수사를 썼지 규칙기반, 국제질서라는 표현을 쓴 적이 없다. 결국 냉전이 끝난 이후의 미국 패권에 대한 새로운 포장인 것인데 문제는 그 포장이 깨지고 있는 것이다. 엄밀히 말하면, 미국은 항상 규칙을 내놓고 규칙을 만들었기 때문에 예외로 깰 수 있다는 입장이었다. 그것이 바로 패권의 특권이자 힘인데 그것이 통하지 않는 상태가 트럼프의 도전으로 명명된 것이다.

2) 미국 주류 담론의 과제

미국 주류들이 광범위하게 동의하는 지점이 있다. 신자유주의의 폐해에 대한 결과 중 하나가 트럼프라는 것이다. 주류의 대표격 중 하나인 폴 크루그먼Paul Krugman이 2016년 11월 8일 선거의 결과를 보면서 완전히 충격을 받고 '이건 내가 알던 미국이 아니다. 내가 이렇게 미국을 몰랐었나! 내가 완전히 틀렸다'라고 트위터에 올렸었다. 트럼프를 당선시킨 미국의 구조적 문제들에 대해서 주류는 처절하게 반성하고 해결책을 모색했어야 했다.

그러나 이후 크루그먼의 입장은 반성에서 비판으로 바뀌었다. 러시아의 대선 개입, 대선 직전 제임스 코미 국장의 힐러리 클린턴Hillary Rodham Clinton의 이메일 스캔들 사건 재수사 등이 선거의 향방을 결정지은 것으로 평가하면서 크루그먼은 리버럴 주류가 미국을 잘못 읽어서 진 선거가 아니라고 결론짓는다. 이후 그는 트럼프가 미국의 중산층, 노동자의 삶을 실제적으로 파괴하고 있다는 맹렬한 비판에 힘을 쏟고 있다.

종합적으로 보면, 현재 미국은 당파적, 지역적으로 양극화되어 있을 뿐 아니라, 트럼프와 엘리트, 그리고 대중으로 삼분되어 있다.

3) 미국 패권의 필요조건, 중산층의 지지

미국 패권의 핵심은 두 가지이다. 국가의 이익을 확보하는 것과 자본주의 시스템에 기초한 나라들을 관리하는 것이다. 민주주의 국가에서 이 두 가지를 병행할 수 있는 결정점은 중산층의 지지이다. 그러나 현재의 미국은 중산층의 지지가 없다. 말하자면 '러스트 벨트Rust Belt[6] 지역의 중산층보다 한국, 일본, 독일의 중산층이 훨씬 잘 사는데 왜 우리가 그들을 지원해야 하나?'라는 문제제기가 있는 것이다. 이는 패권을 위한 기본적인 사회계약이 깨졌음을 의미한다. 그렇기 때문에 미국 국내 정치경제 구조를 완전히 개혁할 수

---

6) 미국 제조업의 호황을 구가했던 중심지였으나 제조업 사양화 등으로 불황을 맞은 지역이다. 오하이오와 펜실베이니아 등 제조업이 발달한 미 북부와 중서부지역을 말한다.

있는 새로운 뉴딜이 필요하다. 그동안 미국이 패권을 유지할 수 있었던 것은 대공황기의 뉴딜을 통해 국가가 국내 중산층을 지원했고 그 중산층이 미국 정부의 마셜플랜, 한국전쟁 참전, 나토 NATO 등 패권기획을 지지했기 때문이다. 그런데 이것이 깨졌고 이제 '어떻게 새로 미국을 재건할 것인가?'의 과제가 남았는데 그에 대한 국내 정치경제적 합의가 전혀 없다. 기존의 전통과 트럼프 식의 이단 사이의 교착이 상당히 지속될 가능성이 있다고 본다. 이러한 교착 상태를 극복하려면 물질적 이익의 측면에서 새로운 정치연합의 탄생은 물론 새로운 미국 패권의 정당화, 미국 예외주의 담론이 필요하다. 그러나 미국의 엘리트들이 그런 능력을 지니고 있는지도 의문이다.

3. 신 한반도 질서

1) 미중 경쟁의 도전

주목할 부분은 2008년 신자유주의 질서가 깨진 것이다. 장기적으로 보면 미국 패권의 국내정치 경제적 기반이 재건되어야 하는데 재건에 대한 논의가 제대로 되지 않고 있다. 물론 시도는 있었다. 오바마는 일정하게 의료보험개혁과 월가의 탐욕을 제어하는 방식으로 중산층 재건 프로젝트를 밀어붙였다. 그러나 당시에도 이 해법에 대해서 티파티Tea Party의 반발이 엄청났다. 결국 트럼프가 오바마의 의료 보험을 뒤집고 기업에 대한 감세 및 탈규제 정책을 시행하고 있는 것이다. 지금은 실업률이 3% 대 정도로 떨어졌기에 문제가 되지 않지만 경제위기, 금융위기는 대략 10년을 주기로 오는 것이므로 곧 위험이 도래할 수 있다. 물론 당장 미국 패권이 꺾이는 것은 아니나, 구조적으로 중산층 재건의 해법이 보이지 않는다.

한편, 19세기 서세동점의 굴욕, 구체적으로는 베트남을 잃은 1884년(청불전쟁)[7]이나 일본에 패배한 1894년(청일전쟁)[8]의 굴욕을 깨려는 중국의 도전은 이미 시작되었다. 한국은 두 개의 백 년(2021년-공산당 창건 백 년, 2049년-건국 백년)을 이정표로 새로운 질서를 만들려는 중국과 기존 미국 패권의 전통을 파괴하고 있는 트럼프의 미국이라는 두 개의 도전에 직면하고 있다.

핵무기의 존재 때문에 전통적인 패권 전쟁이 불가능하다고 보면, 미중 패권 경쟁에 대한 한국의 대응은 보다 섬세하고 실제적인 차원에서 이루어져야 한다. 미국이 결국 중국의 부상을 제압할 것

7) 1884~1885년에 베트남에 대한 청나라의 종주권을 둘러싸고 프랑스와 청나라 사이에 벌어진 전쟁이며 1885년 텐진조약으로 청나라는 베트남의 종주권을 상실했다.

8) 1894년 7월~1895년 4월 사이에 청나라와 일본이 조선의 지배권을 놓고 다툰 전쟁이며 1895년 시모노세키 조약으로 청나라는 조선의 지배권을 상실했다.

이기 때문에 미국 패권에 편승하는 것이 답이라는 식의 해법은, 박근혜 정부도 주목했던, 경제는 중국에 안보는 미국에 의존하는 '아시아 패러독스'의 한 가운데 놓인 한국의 해법이 될 수 없다. 2008년 금융위기 이후 한국의 경제 성장은 상당 부분 중국과의 분업 덕분이다. 중국의 부상에 한국이 중간재로 편승하지 않았으면 경제적으로 큰 어려움을 겪었을 것이다.

2) 한국 외교의 절대 과제

경제와 안보를 동시에 챙겨야 하는 것이 국익의 기본이다. 그리고 한반도, 지역, 지구적 차원에서 보자면, 한국 외교의 숙명은 다음과 같은 세 가지 요인을 동시에 관리해야 하는 것이다. 먼저 남북관계를 관리해야 한다. 그리고 지역국가로서 중국과 일본을, 그 다음으로 패권국가 미국의 동맹국으로서 한미 관계를 관리해야 한다. 이 세 가지는 어느 하나로 환원될 수 없는 한국외교의 숙명과도 같은 것이다. 그러나 이명박, 박근혜의 한국 보수는 안보는 물론 경제와 가치의 측면에서도 미국에 올인하는 한미 전략 동맹을 추진하며 국익을 손상시켰다. 그들은 남북관계는 통일대박론과 흡수통일론으로 경색시켰고, 중국은 도외시하고, 일본과는 위안부합의를 맺었다.

박정희나 전두환, 노태우의 군부 권위주의 정권은 미국과 가치의 공유를 선전할 수 없었으니, 역설적으로 보수의 '미국 유일주의'는 정치적 민주화의 산물이다. 소위 산업화 세력이 친미 보수로 둔갑하면서 가치를 내세운 반전도 문제지만 (물론 결국 이명박, 박근혜 정권의 부패와 무능은 촛불혁명과 법의 심판을 받았지만), 더 큰 문제는 보수의 '미국 유일주의'가 2008년 미국의 체제가 무너질 때 시작되어 한국의 국익을 지키는 데 실패했다는 점이다.

한국 정치가 국제 정치 흐름과는 완전히 반대로 나아간 것인데, 현재 한국의 미국에 대한 인식의 전반적인 수준 역시 2008년보다 크게 나아진 것 같지 않다. 도식적으로 보면 북미 협상의 진전을 위해 트럼프에 '올인'하는 진보와 2020년 주류의 귀환을 희망적으로 예측하는 보수 모두 미국 내부의 트럼프에 대한 찬반 논의를 넘어, 그 논의가 딛고 있는 역사적·이념적 성격 및 이를 배태한 미국 사회의 구조적 문제에 천착하지 못하는 형편이다.

3) 과제

트럼프는 기회이자 도전이다. 한국의 국익을 위해서는 트럼프를 활용해야 하지만 그에 '올인'해서는 안 된다. 트럼프의 변심이나 트럼프 이후 미국에도 대비해야 하고, 촛불혁명과 한국 민주주의의 가치를 트럼프의 권위주의 혹은 트럼프의 권위주의에 대한 지지로 훼손할 수는 없다. 다른 한편, 기존의 한미 전략 동맹의 관성에 편승하는 것은 더 이상 불가능하다. 한미 FTA 개정이나 분담금 증액 요구 등으로 이미 기존의 동맹 계약을 그가 깨버렸기 때문이다. 동맹의 재조정은 이미 현실인 것이다. 우리도 우리의 국익에 기초하여, 경제와 안보, 남북-지역, 특히 대중외교-한미 관계를 동시에 관리해 나가는 수밖에 없다.

4 중국의 한반도 전략과 평화로운 동아시아 신안보질서 구축을 위한 한중 간 외교전략

김지운 충남대 정치외교학과 교수

중국의 한반도 전략과 평화로운 동아시아 신안보질서 구축을 위한 한중 간 외교전략

1. 서론 - 중국의 대 한반도 전략에 대한 기본 전제와 분석틀

동아시아가 또 한 번의 큰 변화를 맞이하고 있다. 격변을 겪지 않았던 때가 있었을까마는 이번에는 북한 핵·미사일이라는 험준한 산을 넘어 '새 시대의 새벽'을 향한 평화의 장정이라는 점에서 그 귀추가 어느 때보다 주목된다. 그 변화의 중심에 선 다양한 행위자들 가운데 중국이 있다. 본 장은 중국의 대 한반도-사실상 대북-전략을 논하고 이를 바탕으로 평화로운 동아시아 질서 구축을 위한 생각들을 조심스럽게 펼쳐놓으려 한다.

먼저, 중국의 대 한반도 전략에 대한 기본 전제와 분석틀을 정리하고 시작하자. 전략적 사고를 한다는 것은 '국익(national interest)'을 보존 또는 극대화하기 위하여 합리적 계산을 한다는 것을 의미한다. 그렇다면 한반도에서 중국이 추구하는 국익은 무엇인가? 간단히 정리하면, 중국이 2009년 북한의 2차 핵실험 후 자체 논쟁을 통해 순서적으로 나열한 '부전不戰, 불란不亂, 무핵無核'이라고 할 수 있다. 달리 말하면, 현상 유지-한반도의 평화, 북한의 안정, 동북아시아에 있어서 미국과의 전략적 균형-와 북한(또는 한반도)의 비핵화이다. 물론 현상 타파, 즉 종전과 한반도 평화 체제 진행 등이 이루어지면 한미연합훈련의 종언, 주한미군의 감축 또는 철수 등을 주장함으로써 동아시아에서 자신의 전략적 우위를 꾀하려고 할 수 있을 것이다.

한편 중국의 한반도 전략을 조정하고 결정하는 변수들은 소위 '분석 수준(level of analysis)'에 따라 대외환경, 국내정치, 그리고 정책결정자로 대별해 볼 수 있는데, 대외 환경과 관련하여 중국이 고려하는 핵심적 행위자는 미국이고, 국내 정치와 관련하여 고려하는 핵심사항은 정권의 안정과 정통성 유지라 할 수 있으며, 정책결정자 가운데 핵심은 시진핑이라 하겠다.

2. 한반도에서 중국이 추구하는 국익

이제 이러한 기본 전제와 분석틀에 대해 좀 더 상술해 보고자 한다. 예를 들면, 북한의 안정과 북한의 비핵화가 왜 중국에게 국익이 되는가? 간단히 말하면, 북한은 중국에게 전략적 가치가 있으나 북핵은 중국에게 전략적 부담 또는 손실이 되기 때문이다.

그렇다면 북한은 중국에게 어떤 전략적 가치를 부여하는가? 이에 대한 답은 미중 관계의 틀 속에서 이루어져야 한다. 먼저 북한은 중국에게 여전히 대미對美 완충지대로서의 지정학적 가치를 지닌다. 지난 3월 시진핑-김정은 1차 정상회담 후 인민일보는 사설을 통해 다시 '순치상의脣齒相依, 입술과 이는 서로 의존한다' 라는 전통적 표현을 꺼내들며 북중 관계를 규정한 바 있다. 중국은 이러한 북한의 전략적 가치를 포기하지 않을 것이며 대북정책 결정에 있어 변수가 아닌 상수로 그리고 가장 중요한 우선순위로 견지할 것이다.

완충지대가 소멸하고 미국이 국경 너머 바로 문 앞에 와있는 것이 중국에게 왜 전략적 부담이 되는가? 그 이유는 근본적으로 중국이 미국을 (그리고 미국도 중국을) 신뢰하지 못하기 때문이다. 중미 사이의 불신을 보여주는 한 가지 예를 들어보겠다. 2017년 12월 트럼프 행정부가 국회 보고용으로 발간한 '국가안보전략(National Security Strategy)' 문건은 중국을 23번이나 언급하며 미국에게 거의 실존적 위협에 가까운 국가로 규정하고 있다. 1990년대 초부터 시작된 미국발 '중국위협론'의 연장이라 할 수 있다. 미국 대중들 사이에서도 중국에 대한 막연한 위기감이 만연해 있는 것이 사실이다. 이러한 중국위협론이 갖는 위험은 중국으로 하여금 오히려 미국을 불신하고 미국을 하나의 위협으로 보게 만드는 것이다. 하버드대학교 교수를 지낸 저명한 국제정치학자 조지프 나이Joseph Nye의 말을 빌리자면, 중국을 적으로 대하는 것이 곧 중국을 적으로 만드는 가장 확실한 방법이 되는 것이다.

한편 북한은 중국이 동해안으로 나아갈 수 있는 출로가 된다는 점에서 그리고 중국의 대미 협상 지레(bargaining leverage)가 될 수 있다는 점에서도 그 전략적 가치가 있다고 하겠다. 물론 전략적 가치를 떠나, 북한이 붕괴되면 수많은 난민이 중국으로 유입되어 중국의 사회 경제적 혼란을 야기할 것이라는 우려도 중국이 북한의 안정을 추구하는 이유가 된다.

그런데 북한이 중국에게 전략적 가치로 남으려면 중요한 전제가 있다. 그것은 북한이 반중으로 돌아서거나 미국에 경사傾斜되어서는 안 된다는 것이다. 따라서 북한이 자신으로부터 너무 멀어지지 않도록 관리하는 것은 중국의 대북 정책에 있어 또 하나의 중요한 우선순위가 된다.

한편, 중국은 북한의 핵개발이 자신의 안보를 위한 자구책인 것을 이해한다고 말해 왔다. 또한 선택이 강요되면 적대적인 북한

보다 핵을 보유하더라도 친중인 북한을 선택할 것이라는 주장들도 제기되어 온 것이 사실이다. 그럼에도 불구하고 중국이 공식적으로 북한의 핵개발을 지지한 적은 없다.

그렇다면 중국은 왜 북한의 비핵화를 추구하는가? 역시 중미 사이의 전략적 경쟁이라는 구도에서 이해해야 할 것이다. 즉 북한의 핵개발에 대한 방어를 구실로 미국은 한반도와 그 주변에 사드 등의 전략 무기를 배치하게 되는데, 중국에게 이것은 미국의 대북 방어라기보다 공세적인 대중봉쇄전략 또는 아시아재균형전략의 강화로 다가오는 것이다. 북한의 핵개발이 중국의 전략적 손실이 되는 것이다. 물론 북한의 핵개발은 한국, 일본, 대만 등의 핵개발을 자극하여 결국 동북아 역내 핵 확산을 초래할 가능성도 없지 않은데, 중국에게 있어 특히 대만의 핵개발은 이를 상대로 한 '개전의 이유(casus belli)'가 된다고 하겠다.

이상을 종합하면, 중국은 북한이 주는 전략적 이득과 북핵이 초래하는 전략적 손실 사이에서 줄타기를 하며 대북 정책을 결정하게 된다고 하겠다.

3. 중국의 한반도 전략을 결정하는 변수들

한편, 서론 부분에서 중국의 한반도 전략을 조정하고 결정하는 변수들로 미국이라는 환경, 정통성이라는 대내 정치적 목적 또는 필요, 그리고 시진핑이라는 최고 지도자를 이미 언급하였는데, 이 단락에서는 이에 대해 좀 더 상술하고자 한다.

중국이 강대국으로서의 정체성을 형성하기 시작한 것은 후진타오 시기 중기나 말기 정도로 여겨진다. 분명한 것은 시진핑 시기 들어 중국은 강대국이라는 정체성을 더욱 확립해 왔다는 것이다. 시진핑은 일찍이 2012년 부주석으로 미국을 방문하였을 때 '신형대국관계新型大國關係'를 제안한 바 있다. 미국과 중국이 '권력 이전(power transition)' 시기에 전형적으로 목도되어온 패권국과 도전국 사이의 갈등관계를 피하고 상호 윈-윈(win-win)하는 협력관계를 구축할 수 있다는 것이다. 이 제안은 자신을 대국으로 여기는 중국의 정체성을 투영하고 있다. 보다 중요한 것은 자신을 대국으로 여겨달라는 요구 또한 담겨 있다는 것이다. 즉 중국이 미국의 핵심이익을 존중하듯 미국도 중국의 핵심이익을 존중해야 한다는 메시지를 전달하고 있는 것이다. 또한 중국이 국제관계에 있어 미국과의 외교를 중시하고 있음을 보여준다.

정통성과 관련, 시진핑은 태생적 한계를 지녔다고 볼 수 있다. 주지하듯 그는 공산 혁명에 참여한 바 없고 혁명 원로에 의해 지도자로 내정된 자도 아니다. 따라서 그는 공적을 통해 인민에게 인정받는 소위 '업적 정통성(performance legitimacy)'만을 기대할 수 있다. 그것이 부족하다면 '개인 숭배(personality cult)'의 기제에 의존해야만 할 것이다. 두 경우 모두 그가 여론에 민감할 수밖에 없는 처지를 말해 주고 있다.

그렇다면 중국 인민들이 보여주는 여론의 성격은 어떠한가? 다분히 민족주의적이라고 하겠다. 그들은 아편전쟁 이후 열강들에 의해 '백년국치'를 겪었으며 그 후 1990년대 중반부터 '애국주의' 교육을 받아왔다. 그리고 지금은 시진핑이 주창해온 '중국몽中國夢' 즉, 중국 인민의 위대한 부흥이라는 꿈에 한껏 고무되어 있다. 그들이 민족주의적 자존을 중시하게 된 것은 일면 자연스러워 보인다. 그러나 이러한 중국 인민들의 태도는 중국 정부가 공세적 대외정책을 견지하도록 만드는 하나의 원인이 된다. 예를 들면, 중국 정부는 국내 여론을 의식, 미국이라는 열강과의 관계에 있어 움츠러드는 모습을 보일 수 없다. 다시 말하자면, 중국 인민들의 민족주의적 자존이 높기 때문에 중국 정부가 대미 외교에 있어 수동적 모습을 보이기 힘들다는 것이다. 중국 인민들은 중국 정부에게 미국과 맞서는 의지를 기대하고 있는 것이다.

마지막으로, 중국의 한반도 전략을 결정하는 변수들 정점에, 시진핑이 있다. 그는 중국 공산당 서열 1위로서 정치국 상무위원회 위원이자 총서기를 맡고 있으며, 국가를 대표하는 주석이고, 인민해방군을 통솔하는 중앙군사위원회 주석이다. 무엇보다 중국 외교와 관련, 중앙외사공작위원회中央外事工作委員會 위원장을 맡고 있다. 외사공작위원회는 중국 공산당의 비공식 기구이지만 사실상 중국 외교안보와 관련한 당, 정, 군 최고 협의체이다. 이러한 시진핑의 권한은 최근 2기 들어 더욱 강화되는 추세다. 예를 들어, 공산당 헌법인 당장黨章과 국가 헌법에 시진핑 사상이 하나의 행동지침으로 포함되었으며, 주석 임기는 철폐되었다. 시진핑의 개인적 성격과 심리 그리고 세계관이 중국 외교에 반영될 소지가 더 커졌다고 하겠다.

4. 시진핑 시기 중국의 대북 인식과 태도

이상의 기본 전제와 분석틀을 바탕으로, 시진핑 시기 대북 정책이 어느 정도 또는 어떻게 변화되어 왔나를 북한의 핵 실험에 대한 중국의 대응을 중심으로 간략하게 살펴보고자 한다.

일반적으로 시진핑 시기 중국의 대북제재는 그가 집권한 직후 즉, 2013년 초에 있었던 북한의 3차 핵실험 이후 점차 강화되어왔다고 주장된다. 그러나 중국의 관세청이라고 할 수 있는 해관총서海關總署가 발표하는 중북 간 수출입 통계에 근거하자면, 시진핑의 대북제재가 사실상 강화된 시기는 2017년 이후라고 하겠다.

중국의 대북제재 여부를 보여주는 핵심 지표는 중국의 북한산 무연탄 수입이라 할 수 있다. 무연탄은 유엔 대북제재의 핵심 품목으로, 2016년 북한의 수출 총액 가운데 대중 무연탄 수출이 차지한 비율은 40% 이상이었다. 당해 중국의 대북 무연탄 수입량을 가치로 따져보면 2015년 대비 12.6%가 증가했고 양으로 따져보아도 14.6%가 증가했다. 참고로 중국의 대북 무연탄 수입량은 이미 2015년에 전년 대비 거의 27%가 늘어, 북한에 대한 중국의 정치적 고려의 결과라는 평가를 받은 바 있다. 2016년 북한의 두 차례 핵실험-4차 그리고 5차 핵실험-에 따라 유엔이 거듭해서 북한산 무연탄의 수입 제재를 강화했음에도 불구하고 이와 같이 중국의 대북 무연탄 수입이 늘었다는 것은 중국의 대북제재가 실제로 이행되지 않았다는 것을 말해준다.

반면 2017년을 보면, 중국은 8개월 동안 북한으로부터 무연탄을 전혀 수입하지 않았다. 결과적으로 한 해 수입 총량은 2016년 대비 78.5% 감소하였다. 중국은 왜 2016년과 달리 2017년에 이르러 대북제재를 비교적 성실히 이행하며 북한을 압박하였는가? 무엇이 그 변화를 초래하였는가? 앞서 언급한 분석 수준에 따라 그 이유를 3가지로 정리해 볼 수 있다.

2017년 중국의 대북정책에 영향을 준 요인들 가운데 가장 눈에 띄는 것은 외적 환경 변화라 하겠다. 즉 트럼프 행정부가 등장한 것이다. 트럼프 행정부는 '전략적 인내'를 택한 오바마 행정부와 달리 북한의 핵과 미사일 문제를 주요 의제로 다루기 시작했다. 예를 들어, 2017년 3월 초 주 유엔 미국 대사인 니키 헤일리Nikki Haley는 기자회견에서 미국 정부는 북한 문제를 다루는데 있어 "모든 선택 가능한 대응들을 테이블 위에 올려놓고 있다(All options are on the table)"고 하였다. 2000년대 초 아프가니스탄과 이라크를 침공한, 그리고 북한을 '악의 축'으로 규정한 조지 부시 행정부의 북핵 관련 발언과 정확히 일치하는 것으로, 미국이 북한 문제를 일방적으로 그리고 군사적으로 해결할 수도 있다는 것을 암시한다고 하겠다. 곧이어 4월에는 트럼프가 시진핑과의 정상회담을 앞두고 "중국이 북한 문제를 풀지 않으면 우리가 하겠다"고 하였다. 그리고 그 정상회담 첫 날 트럼프는 만찬 테이블에서 옆에 앉은 시진핑에게 몸을 기울여 "우리가 좀 전 시리아를 향해 59발의 미사일을 발사했다"라는 사실을 통보했다. 시리아는 마치 북한처럼 유엔제재를 놓고 미국과 중국이 대치해온 국가이다. 트럼프는 시리아 공습을 통해 미국이 북핵 문제를 일방적이고 군사적으로 해결할 수 있다는 발언이 단순한 수사로 그치지 않을 것임을 보여준 것이다.

2017년 중국의 대북제재는 이러한 미국의 대중 압박에 중국이 순응한 결과로 보아야 할 것인가? 또는 미국과의 관계 유지를 위해 북한과의 관계를 희생한 것으로 보아야 하는가? 시진핑 중국의 공세성과 북한의 대중 전략적 가치를 고려해 볼 때 이와 같은 해석은 설득력이 부족하다. 중국이 대북 경제제재를 실행한 것은, 사실상 미국의 일방적 군사적 북한 문제 해결이 야기할 중국의 전략적 손실-즉 북한의 불안정, 내폭, 나아가 원하지 않는 전쟁 등-을 예방하고자 취한 조치로 보아야 할 것이다. 무엇보다 미국이 북한의 핵과 미사일을 구실로 한반도 또는 그 인근에 전략적 자산들-대표적으로 2017년 3월 한국에 첫 부품을 도입하고 9월에 배치 완료한 사드 체계-을 지속적으로 전개하여 중국의 전략적 부담을 가중시키는 상황을 개선하고자 했을 것이다. 결국 2017년 중국의 대북제재는 중국의 국익에 근거한 전략적 계산의 산물이라고 할 수 있다.

이러한 2017년 시진핑의 중국이 보여준 대북 태도와 접근은 1990년대 중반 장쩌민의 그것과 그리고 2000년 초반 후진타오의 그것과도 구별된다. 1990년대 중반 미국이 북한 핵시설에 대한 '외과적 타격(surgical strike)'을 언급했을 때 장쩌민은 북한에 대한 군사 지원을 약속했다. 2000년대 초반 미국이 "모든 옵션이 테이블 위에 놓여있다"고 했을 때 후진타오는 서둘러 6자회담이라는 다자협의체를 구성하여 미국의 독단적 행동을 제약하려 하였다. 그러나 2017년 시진핑의 중국은 오히려 미국의 요구에 조응하듯 대북 경제제재에 나선 것이다. 이러한 중국의 대북 제재는 중국의 전략적 계산의 결과이기도 하지만, 악화되어온 중국의 대북관이 끼친 영향으로도 추정된다.

물론 북한과 중국의 관계를 동맹이라는 특수관계로 볼 수 있을 것인가라는 의심은 오랜 기간 있어왔다. 이미 20여 년 전, 당시 총리였던 리펑李鵬이 미국 국회의원 방중단에게 "북한은 중국의 동맹도 적도 아닌 단지 이웃 국가일 뿐이다"라고 했다. 2006년 북한의 1차 핵실험 후 중국의 학자들 역시 북중 관계가 특별한 형제관계가 아닌 정상관계임을 강조한 바 있다. 그리고 시진핑 시기 들어 2013년, 3차 핵실험이 있고 약 한 달 후 중국 외교부 대변인은 정례 기자회견을 통해 "중국과 북한은 정상적 국가관계다"라는 표현을 공식적으로 했다. 같은 해 5월, 일군의 한국 국회의원들이 중국을 방문했을 때, 당시 북한 문제를 다루는 중국 공산당 핵심 부서인 대외연락부를 맡고 있던 왕자루이王家瑞도 '중국과 북한은 일반 국가관계'라고 하였다. 2016년 4차 핵실험 후에는 외교부장 왕이王毅가 전국인민대표대회 기간 열린 기자회견에서 "중국은 여전히 북한을 동맹으로 여기는가?"라는 〈환구시보〉 기자의 질문에 북한과 중국은 "국가와 국가 간 정상관계다"라고 하였다.

한편, 1961년에 체결된 〈조중 우호협력 및 상호원조 조약〉의 2조가 "체약 일방이 …무력침공을 당함으로써 전쟁상태에 처하게 되는 경우에 체약 상대방은 모든 힘을 다하여 지체 없이 군사적 및 기타 원조를 제공한다"고 규정하고 있지만, 북한은 중국이 구하러 올 것이라고 상정해서는 안 된다는 주장이 중국내에서 여러 차례

제기되어 왔다. 최근 시진핑은 북한이 선제공격하면 조중조약은 적용되지 않을 것임을 공적으로 확인한 바 있다.

2017년 중국이 대북제재를 이행하게 된 두 번째 이유는 국내정치적인 것이다. 당해 10월에 있을 제19차 공산당전국대표대회를 앞두고 당 지도부는 당의 위상과 당에 대한 여론에 더욱 민감하였을 것이다. 즉 '책임 대국'으로서 북핵 문제를 해결하여 불안한 국경 주변을 안정시키고 중국 인민들의 반북 감정을 달랠 필요가 컸을 것으로 짐작된다.

세 번째 이유는 중국 외교정책 결정구조의 정점에 있는 시진핑의 대북관 또는 대북 심리와 관련된 것이다. 체면을 중시하는 중국인이자 '시따따習大大'–'따따'는 시진핑의 고향인 산시陝西성 방언으로 아저씨를 의미 함–로 불리는 시진핑의 눈에 중국의 반대에도 불구하고 핵 또는 미사일 실험을 지속하는 김정은은 길들여져야 할 어린 반항아로 인식될 것이다. 특히 이러한 '아저씨'를 더욱 격노하게 한 것은 '반항아'가 행한 그 실험들이 이루어진 시점이다. 예를 들어 2017년 5월 북한은 시진핑의 대표사업인 '일대일로一帶一路' 프로젝트를 위한 정상회의가 열리기 불과 몇 시간 전에 탄도미사일 실험을 실행하였다. 2017년 9월에는 브릭스BRICS 정상회담을 위한 시진핑의 연설이 있기 직전 6차 핵실험을 감행하였다. 한편 북한이 2013년 12월 친중 인사인 장성택을 처형한 것에 이어

2017년 2월 중국이 보호해온 것으로 알려진 김정남을 공공장소에서 암살한 것도 북한에 대한 시진핑의 분노를 더했을 것이다. 이와 같은 김정은의 도전에 대한 시진핑의 인내심이 2017년 그 임계점에 이르렀고 이것은 중국이 태도를 바꾸어 대북제재를 이행하게 된 또 하나의 이유가 되었을 것으로 짐작된다.

5. 2018년 중국의 친북 정책

위에서 살펴보았듯 2017년 중국은 경제제재를 통해 북한을 거칠게 다루었다. 이러한 사실은 당해 북한이 보여준 대중 반응을 통해서도 엿볼 수 있다. 예를 들어 2017년 2월 중국이 유엔이 정한 대북 석탄 수입 상한선을 초과하지 않았음에도 불구하고 북한산 석탄 수입을 전면 금지한 닷새 뒤, 조선중앙통신은 석탄 금수는 북한사회를 무너뜨리려는 적국의 행동과 같은 것으로, "명색이 대국이라고 자처하는 나라가 줏대도 없이 미국의 장단에 춤을 춘다."며 중국을 강도 높게 비난한 바 있다.

그러나 중국은 2018년 들어 갑자기 북한에 적극적으로 다가가기 시작한다. 중국의 대북 정책이 급작스럽게 크게 바뀐 이유는 무엇일까? 2018년 북중관계의 급변화는 중국이 대북 인식을 바꾸어 북한과의 관계를 보다 특수한 관계로 발전시키려고 했기 때문이 아니라, 기존 미국과의 전략적 경쟁에서 북한이 자신을 건너뛰어 미국으로 경사하는 것을 막고 향후 진행될 평화프로세스에서 자신의 대미 전략적 이익을 극대화하려고 노력한 결과로 보아야 할 것이다.

중국은 실제로 2018년 1월과 2월에 북한이 한반도 평화를 위한 초기 유화적 제안들을 내놓을 때까지 대북노선에 대한 변화 조짐을 보이지 않다가, 북미정상회담 일정이 공표된 3월 들어 비로소 대북 접근을 서둘렀다. 북미정상회담 일정이 공표된 당일의 〈환구시보〉 사설은 중국이 얼마나 소위 '차이나 패싱'에 그리고 북한의 대미 경사에 염려하는지를 역설적으로 잘 보여준다. 사설은 "중국 인민들은 중국이 주변화되고 있다는 생각을 피해야 한다 …중국은 북한이 미국 쪽으로 돌아설 것이라고 걱정할 필요가 없다."며 오히려 그러한 걱정을 드러냈다. 그리고 오래지 않아 동 신문은 또 다른 사설을 통해 한편으로는 대북 구애를 또 다른 한편으로는 북한이 중국 옆에 있어야 한다는 충고도 했다. 즉 "북한은 존경받을 만한 국가다 … 북경과 평양은 항미원조抗美援朝전쟁(한국전쟁) 동안 피로써 우정을 맺었다 … 북한이 혼자서 서울, 워싱턴, 그리고 도쿄를 상대하기는 어려울 것이다. [반면] 중국의 지원은 많은 위험들을 해결할 수 있을 것이다."라고 한 것이다.

북한의 미국 경사에 대한 중국의 우려는 근본적으로 역사적 기억에 바탕을 둔 중국의 대북 불신에 그 이유가 있다고 하겠다. 예를 들어 북한은 중소분쟁 시기 동안 어느 한 쪽에 치우치지 않았으며, 중국의 문화혁명 시기에는 오히려 수정주의라고 비판했던 소련에 다가가는 모습을 보였다. 물론 1990년대 초 한중 수교 당시 북한은 소련에게 손을 내밀기도 하였다. 물론, 북한도 중국을 신뢰하지 않는다. 예를 들어, 1970년대 미중 관계 정상화의 조건으로 주한 미군 철수와 북미간 평화조약 체결을 미국에게 제시하라는 북한의 대 중국 요구가 거절된 바 있다. 무엇보다 중국이 한국과 수교한 것은 북한에게 씻을 수 없는 대중 불신을 초래하였다. 역으로 중국은 이와 같이 자신을 불신하는 북한을 더욱 신뢰할 수 없는 것이다.

6. 동아시아 평화를 위한 제언

북한과 미국의 적대관계뿐만 아니라 미국과 중국 그리고 북한과 중국 사이의 불신으로 점철된 동아시아의 현실 속에 앞으로 진행될 한반도 평화프로세스를 어떻게 가꾸어 나가야 할 것인가? 특히 한중간 외교협력은 어떤 식으로 가능할 것인가?

번서, 한국은 계속해서 주도적 외교를 통해 미국, 중국, 일본, 그리고 러시아의 대북인식과 정책 나아가 동아시아 정국의 긍정적 변화를 견인해야 할 것이다. 물론 강대국들을 이끌기는 쉽지 않을 것이다. 그러나 북한이 그랬듯이, 그들의 역학관계와 전략을 세밀하고 신중하게 보고 그들을 올라탄다면 한국은 계속해서 '운전자' 노릇을 할 수 있을 것이다.

둘째, 중국이 남북관계 개선에 협력하도록 하자면, '차이나 패싱'으로 중국의 소외감을 자극할 필요가 없다고 사료된다. 예를 들면, 종전선언에 중국이 참여하는 것을 열린 자세로 검토하는 것이다. 종전 선언은 기본적으로 적대 청산을 위한 정치적 선언이기 때문에 적대적 관계에 있는 북미 사이와 남북 사이의 선언이 되거나 혹은 북미를 당사자로 하고 한중은 조정자나 옵서버로 참여하는 2+2의 형식을 띠어야 맞다. 한미와 정식 외교관계를 맺고 있고 북한과 우호조약을 유지하고 있는 중국은 '종전'의 대상이 없다. 따라서 중국은 종전선언에 관여할 필요가 없는 것이 사실이다. 중국 스스로도 과거를 처리하는 일보다 앞으로 전개될 평화프로세스에 적극적으로 개입할 것으로 전망된다. 그러나 중국이 종전을 평화프로세스의 입구로 본다면 그리고 한국전쟁이 갖는 상징적 의미를 여전히 간직하고 있다면 종전선언에 참여하기를 원할 것이다. 한국전쟁은 신중국 즉 중화인민공화국이 수립된 후 중국이 참전한 첫 해외전쟁이고, 18만 중국인민 지원군이 희생된 전쟁이며, 중국이 미국과 싸워 전선을 압록강에서 38선으로 내려보낸 역사적 기억 또는 서사가 형성된 전쟁이라고 하겠다. 물론, 미국이 중국의 종전선언 참여를 달갑지 않게 생각할 수 있고 그 참여를 수용하는 한국을 불신할 가능성도 있다. 다행히 최근 주중 한국대사에 따르면, 미국도 중국의 종전선언 참여를 반대하지 않는다고 한다.

셋째, 중국의 협력을 고려한다면 평화프로세스 가운데 '통일'의 담론보다 '평화'와 '번영'의 담론을 내세워야 할 것이다. 중국은 누구의 어떤 식의 통일이 될지 그 불확실성에 민감하기 때문이다. 따라서 평화가 조성되면 중국의 '일대일로'와 한국의 '한반도 신경제지도' 또는 '신북방정책' 등이 시너지 효과를 일으켜 상호 공동번영할 수 있다는 청사진을 제시하는 것이 우선이다.

넷째, 한중 공동번영을 위한 위 사업들이 완성되려면 북한의 개혁개방이 꼭 필요하고, 그 개혁개방을 앞당기기 위해서는 먼저 대북 경제제재의 완화, 해제가 필수불가결하다는 인식을 한국과 중국이 공유하고 제고해야 할 것이다. 이런 점에서 2018년 6월 28일 중국이 러시아와 함께 유엔 대북제재 완화를 요구하는 성명 초안을 안보리에 배포한 것은 고무적이라 하겠다. 물론 이러한 노력은 대북 경제제재 완화에 대한 미국의 완고한 반대로 무산되었다. 그러나 북한의 비핵화가 진전됨에 따라 이에 상응하는 초기 조치로, 2016년 4차 핵실험 이후의 경우처럼, 북한의 민생용 수출을 제재의 예외조항으로 두는 것을 한·중이 함께 요구해 볼 수 있을 것이다. 이러한 요구는 일종의 인도적 지원으로 그 성격을 규정할 수 있다.

다섯째, 미중, 북중, 그리고 한중 사이의 신뢰를 개선하고 상호 오인과 이에 따른 우발사고 방지를 위해 다자협의체를 짜야 할 것이다. 예를 들면, 2005년 6자회담의 9·19 공동성명 이행을 위해 2007년 2·13합의가 이미 제시한 바 있는 '동북아 평화안보체제 실무그룹' 구성을 위해 우선 한중이 노력해 볼 수 있을 것이다. 물론, 6자회담의 결과에서 보듯 다자협의체는 행위에 대한 구속력은 없다. 또한 그 제도화-규범, 원칙, 규칙, 의사결정 과정 그리고 이를 집행할 사무국 등의 설립에 많은 시간과 노력을 투자해야만 한다.

여섯째, 궁극적으로 '실무그룹'을 통해 한미합동군사훈련, 주한미군 문제를 함께 논의해야 할 것이다. 김정일은 2000년 남북정상회담 때 주한미군을 용인한 바 있다. 김정은 역시 주한미군 철수를 요구하지 않는 것으로 전해진다. 한미훈련과 관련 김정은은 지난 3월 평양을 방문한 남측의 대북 특사단에게 "이해한다"라고 말했다. 그러나 종전선언, 불가침 선언, 수교 등 일련의 과정을 통해 북미간 상호 신뢰가 형성되지 않는다면, 종국에 북한이 주한미군을 용인하기는 쉽지 않을 듯하다. 북한이 용인한다 하더라도 북한과 미국을 신뢰하지 못하는 중국은 북한과 미국이 대중 견제용으로 주한미군을 잔존시키고자 한다고 생각할 가능성이 크다. 따라서 사고의 전환을 통해, 한반도에 체류할 주한미군을 마약, 범죄, 테러, 환경, 재해 등 연성안보(soft security) 이슈를 다룰 군대로 그 성격을 바꾸고 중국군 등 역내 관련국 군대들을 이에 함께 참여시켜 일종의 다국적 평화안보군을 창설할 것을 제안해본다.

세계사는 분명 1990년을 전후해 탈냉전을 맞았으나 한반도와 이를 둘러싼 동아시아에는 여전히 냉전의 구도가 잔존하고 있다. 상호 불신과 갈등과 군사적 대치가 그것이다. 이러한 현실을 무시하고 새로운 안보질서에 대한 꿈을 꾸는 것은 무의미할 것이다. 다행히 이제 막 한반도의 남과 북이 중심이 되어 평화를 위한 미증유의 건강한 씨를 뿌렸다. 현실을 예의주시하되 변화하는 국면과 맞물린 비전을 세워야 할 때가 온 것이다. 위의 분석과 여섯 가지 제안들이 옹색하지만 그 비전의 밑그림을 위한 재료가 되기를 바랄 뿐이다.

05

동북아 평화구축에서 일본의 역할

남기정 서울대학교 일본연구소 교수

동북아 평화구축에서 일본의 역할

1. 서론: 동아시아의 과제와 일본의 책임

동아시아의 평화구축 과정에서 일본에 매우 중요한 역할이 부여된다. 그것은 동아시아의 과제를 풀어가는 데 일본이 응분의 책임을 지고 있기 때문이다. 동아시아의 역사적 과제는 '두 개의 전후'를 극복하는 일이다. '두 개의 전후'란 제2차 세계대전 '전후'와 한국전쟁 '전후'이다. 한반도 휴전의 극복이 평화구축의 과제라면, 제2차 세계대전 유제 극복은 역사화해의 과제이며, 이는 한반도 휴전체제에 온존 은폐된 제2차 세계대전의 유제를 극복하는 일이다. 한편 일본은 한반도 휴전체제에 후방기지로 편입되어 휴전체제를 유지하고 온존시키는 역할을 수행하고 있다. 이와 같이 한반도는 두 가지 과제가 응축되어 있는 지역이며, 아시아 평화와 공생의 과제를 풀어나가는 과정에서 한일관계가 가지는 중심성을 확인할 수 있다.

나아가 한국전쟁의 유산인 휴전체제를 극복하는 일은 한국전쟁의 먼 원인이 되었던 청일전쟁과 러일전쟁을 총체적으로 극복하는 것이기도 하다. 일본은 동아시아의 근대사에서 벌어진 세 차례의 동북아시아 전쟁에서 두 번은 직접적 당사자로, 한 번은 간접적 당사자로 관여했다. 따라서 한반도 휴전체제 극복은 일본과 함께 해야 할 과제이다.

그럼에도 일본은 몰역사적, 지정학적 고려에 몰입하여 이러한 역사적 과제를 회피하고 있다. 제2차 아베 내각 이후 일본은 '지구본을 부감하는 외교'와 '적극적 평화주의'의 안보정책으로 미일동맹을 '세계 속의 미일동맹'으로 격상하여 강화하는 노선을 추구하고 있다. 최근에 이는 '자유롭고 개방적인 인도태평양 전략'으로 구체화하고 있다. 중국과 러시아 등 현상타파 국가에 대항해서 미일동맹을 강화하여 신냉전 질서를 준비한다는 것이 이러한 전략의 명분으로 동원되고 있다. 이에 대한 논리적 반박과 구체적 논증이 필요하다.

일본의 인도태평양 전략(또는 구상)은 일본이 미국과 함께 동아시아 질서 유지(또는 재편)의 선두에 서겠다는, 일종의 '투톱'전략이라고 할 수 있다. 그런 의미에서 일본의 외교 당국자들은 한국이 일본을 중견국 외교의 파트너로 보는 데 대해 당혹해 한다. 그러나 다른 한편 비대칭적 미일동맹이 '투톱'전략의 장애가 되고 있다는 것도 잘 알고 있다. 이러한 불균형 속에서 일본은 끊임없이 동맹의 두 가지 딜레마, 즉 연루의 위험과 방기의 위험 속에서 전전긍긍하고 있다. 또한 자위대의 규모와 능력과 무관하게, 일본에 평화헌법이 제약으로 있는 이상, 일본이 군사적 강대국으로 국제정치의 행위자가 되는 것은 쉽지 않다. 게이오대학의 소에야 요시히데添谷芳秀 교수가 일본 외교의 진로로 '중견국 외교'를 제언하고 이에 대해 일정한 지지가 확인되는 것은 이러한 현실에 기초하고 있다. 불완전한 미일동맹에도 불구하고 군사적으로 굴기하고 있는 중국을 상대로 미일동맹을 보완할 안보구상을 고민하는 일본에게 한일 중견국 협력(Middle Power Cooperation)을 통한 동북아 신안보질서 구축을 제안하는 것은 가능하고 필요한 일이다.

2. 2018년의 한반도 평화프로세스와 일본

2018년의 한반도 평화프로세스는 일본이 미일동맹에 일방적으로 기대는 외교가 한계를 안고 있다는 것을 인식하는 계기가 되었다. 일본은 평창 이후 남북대화가 지속되고 북미대화의 가능성을 점치면서도 이는 예비적 협의의 일환으로 이루어지는 것이며, 그 과정에서 일본은 미국을 통해 상황을 조율할 수 있을 것으로 생각했다. 일본은 북한의 '미소외교'가 한미일 연계를 분단하려는 의도라고 하여, 줄곧 남북 화해 분위기를 경계하며 견제했다. 남북정상회담 개최 합의에 대해서도 아직 평가할 수 있는 단계가 아니라고 평가절하 했다.

아베 총리와 그 주변은 트럼프와의 개인적 신뢰관계를 바탕으로 아베 총리가 외교 분야에서 트럼프의 개인교사가 되어야 한다고 생각하고 있었다. 미국이 빠진 TPP(환태평양경제동반자협정, Trans Pacific Partnership)를 TPP11의 형태로 완결지어 미국이 이에 돌아오도록 촉구하는 것은 이를 실천하는 길이었다. 그런 의미에서 칠레에서 TPP11이 서명된 3월 8일(일본 시각으로 3월 9일 새벽)은 일본 외교의 쾌거를 이룬 날로 기념되어 마땅한 날이었다. 그 낭보로부터 불과 몇 시간 후, 일본 외교는 충격에 빠졌다. 트럼프 대통령이 김정은 위원장의 대화 요구를 일본과의 사전 협의 없이 전격적으로 수용했던 것이다.

북미정상회담 실시에 대한 백악관 발표가 있던 9일 오전(일본 현지 시각) 아베 총리는 방미를 즉각 결정하여, 북미정상회담이 개최되기 전에 미국을 통해 한반도 상황에 개입하여 속도를 조절하고자 했다. 싱가포르 북미정상회담 이후에도, 미일동맹론자들은 여전히 비판적 여론의 배후지가 되고 있으며, 세계적 반 트럼프 정서에 편승하여, 한국 외교를 고립시키려 하고 있다. 이는 한반도 평화프로세스에 부담이 되고 있다.

한편 아베 총리는 싱가포르 북미정상회담 이후에 적응하려는 움직임을 보이기도 했다. 북한에 대한 태도 변화에서 그러한 의도를 읽을 수 있다. 아베 총리는 북한에 대해 납치 일본인 전원 생환을 목표로 강경한 대북 원칙을 세워 놓고, 압력 일변도 정책을 견지하고 있었다. 그랬던 아베 총리가 북미정상회담 이후 북한과의 대화 가능성을 언급하기 시작했다.

6월 12일의 북미정상회담에서 트럼프 대통령이 김정은 위원장에게 '일본과도 대화할 것'을 강력히 권유한 데 대해 김정은 위원장은 '일본과도 대화를 하겠다'고 하면서, 종래 주장했듯이 납치문제가 '이미 해결된 것'이라는 태도를 보이지 않았다고 한다. 같은 날 열린 미일 정상 전화회담에서 트럼프 대통령은 아베 총리에게, 김정은 위원장이 납치문제에 관한 일본과의 대화에 대해 열려있는 태도를 보였다고 설명했다. 또한 트럼프 대통령은 김정은 위원장에게 '납치문제 해결이 경제지원의 전제'라는 일본의 입장을 전했다고도 설명했다.

이를 받아 아베 총리는 6월 14일, 납치피해자 가족 등과 총리관저에서 면담하면서 북일 정상회담에 대해 언급했다. 면담에서 아베 총리는 12일의 북미정상회담에서 트럼프 대통령이 납치문제에 대해 언급했음을 설명하고, "납치문제는 일조문제로 주체적으로 책임감을 갖고 해결해야 한다"고 하여 직접 대화를 시도할 결심을 피력했다. 고노 외상도 14일 서울에서 한미일 외상 회담을 갖고, 이 자리에서 "일본은 북한과 납치문제를 포함해서 여러 현안 사항을 논의할 준비가 돼 있다"고 피력했다. 같은 날, 몽골 울란바토르에서 시미즈 후미오志水史雄 일본 외무성 아시아대양주국 참사관이 김용국 북한 외무성 군축평화연구소 소장과 만나 아베 총리의 생각을 전했다. 7월 15일에는 하노이에서 북한의 김성혜 통전부 전략실장(책략실장)과 일본의 기타무라 시게루北村滋 내각정보관 비밀 회동이 있었다. 이들은 10월 초에도 울란바토르에서 접촉이 있었다고 전해진다.

3. 북일 국교정상화의 의미

북일 국교정상화가 2002년의 북일평양선언에 입각해 이루어진다면, 이 선언에 약속된 경제지원이 북한이 두려워하는 리비아 프로세스를 회피하고 북한의 비핵화를 보증하는 유효한 방법이 될 수 있다. 북한의 핵 미사일 개발이 1990년대 초에 시작되었고, 그것이 한소, 한중 국교정상화에 대비되어 북미·북일 국교정상화가 지체된 비대칭적인 교차승인에 기인하고 있다면, 북일 수교는 북한 비핵화와 동시에 진행되어야 할 필수적인 과정이다.

한편 북한 개혁 개방의 참조 대상으로 베트남 모델을 상정한다면 일본이 다른 어느 서방국가에 앞서서 1973년에 북베트남과 국교정상화를 이루었다는 것을 상기할 필요가 있다. 또한 일본이 1972년 7월 다나카 방중으로 전격적인 국교정상화에 합의한 것은 닉슨쇼크로부터 정확히 1년 뒤의 일이었다. 아시아에서 데탕트를 가시화한 사건이었던 중국 및 북베트남과 일본의 수교는 일본 외교의 순발력과 기민함을 상징하는 사건이며, 이는 일본 외교의 적응 능력에서 나오는 것이기도 하지만, 이는 미국의 범위 밖에서 외교적 대안을 살려 놓는 일본 외교의 준비성에 기인하는 것이다.

아베 총리의 외교에서도 이러한 특징은 발견된다. 겉으로 보기에 미일동맹에 올인하는 것처럼 보이는 아베 총리의 외교도 러시아와 북한을 상대로 차후의 가능성에 대비한 외교를 전개해 왔다. 러시아와의 평화조약과 북한과의 국교정상화는 전후 일본이 풀어야 할 마지막 외교 과제로서 일본의 정치 지도자라면 누구나 탐을 낼만한 외교 업적이다. 더구나 납치문제를 해결하고 북한과 관계정상화를 이루는 것은 자신뿐이라는 자신감을 갖고 있던 아베 총리는, 적어도 취임 초기에는, 대북 창구를 열어놓고 기회를 보고 있었다.

2013년 5월, 임기 중에 두 차례나 방북했던 고이즈미 준이치로 전 총리의 비서관 이지마 이사오飯島勳 내각관방참여를 북한에 파견한 것도, 2014년 5월 북일평양선언에 입각해서 북일 교섭을 재가동시켜 스톡홀름 합의를 이루어낸 것도 아베 내각에서 일어난 일이었다. 이후 북한은 납치문제와 관련해 1+1 방식을 타진했다고 전해진다. 즉 일본이 공식으로 제기한 납치 일본인 가운데 1명, 그에 포함되지 않았지만 입북 사실이 인정되는 일본인 1명의 생존 사실을 북한이 인정하면서 일본으로의 귀환은 그들의 자유의사에 맡기겠다는 입장을 전했다는 것이다. 그러나 일본은 이를 받아들이지 않았고, 북한은 2016년 2월 재조사 전면 중단과 조사위원회 해체를 선언하고 말았다. 그럼에도 일본은 스톡홀름 합의가 여전히 살아있다는 입장을 고수해 왔다.

아베 정부의 대북 강경 자세로 크게 위축된 상황이긴 하지만, 일본에는 대북외교 자산도 풍부하다. 일본에는 민간 영역과 지방자치체 수준에서 북한과의 교류를 꾸준히 추구해온 단체가 적지 않다. 평창 올림픽에 북한 선수단이 참가하면서 한반도 냉전 해빙 분위기가 일자 이를 배경으로 기타하라 마모루北原守 후쿠오카현의회 의원을 단장으로 하여, 후쿠오카 지방의회를 중심으로 100명 규모의 초당파 지방의원 방북단이 조직되는 움직임이 일어났다. 이후 급진전되는 일정으로 이들을 받아들일 여유가 없던 상황에서 방북은 2018년 10월 21일에야 이루어졌으나, 이들의 움직임은 반북 여론에 움츠려있던 이들이 한반도에서 정세가 바뀌면 북일관계 개선의 전면에 나설 가능성이 있다는 것을 보여주었다. 납치 일본인 가족들의 분위기도 북한과 직접 대화해야 한다는 방향으로 바뀌고 있다.

실제로 일본 국민의 여론은 한반도 평화프로세스의 진전과 함께 변화하고 있다. 2018년 3월 이후 닛케이와 아사히신문의 조사에서 확인된 것은 70% 내외의 일본인이 북일정상회담의 조기 개최를 지지한다는 사실이다.

북일 간에 수교 협상이 재개된다면 예상되는 의제는 스톡홀름 합의의 이행을 위한 조치들이 될 것이다. 그 과정에서 북한 측이 일본인 유골, 잔류 일본인, 일본인 배우자, 납치 피해자, 실종자 등 모든 일본인에 대한 조사를 포괄적 전면적으로 실시하고, 이에 대해 일본 측은 북일수교 실현의 의지를 확인하고, 인적 및 경제 교류에 대한 제재 해제, 재일 조선인 지위 문제의 처리, 인도적 지원을 실시하게 될 것이다. 북일 수교 협상은 이 이행의 정도에 대한 확인부터 시작될 가능성이 있다. 나아가 그 과정에서 역사(위안부) 문제 등이 다시 거론될 가능성이 있다. 따라서 북일 국교정상화는 최종적으로는 역사 문제를 회피하여 체결된 1965년의 기본조약 및 청구권 협정체제를 보완하여, 새로운 한반도-일본 관계의 총체적 재정립을 시야에 넣고 추진되어야 할 것이다. 이를 위해서라도 한국 정부는 북일 간의 징검다리 역할을 적극 수행할 필요가 있다. 한반도 평화프로세스가 한일관계 재정립과 동시에 진행되어야 할 이유가 여기에서도 확인된다.

한편 국교정상화 이후 일본이 북한에 제공할 수 있는 경제협력의 규모는 최소 100억~200억 달러 정도로 추산된다. 구체적으로는 한일국교정상화 당시의 '청구권자금'에 해당하는 액수에 물가 상승과 환율 등을 고려하여 산출한 것이 40억 달러이며, 이에 더해 대중 ODA(정부개발원조, Official Development Assistance)에 해당하는 경제지원의 일부를 북한에게 적용할 경우 그 액수가 60억 달러로, 이를 합쳐 최소 100억 달러 규모가 될 것으로 추산된다.

4. 동북아 플러스 책임공동체 구축과 일본

한편 한반도 평화프로세스는 주변국들에게는 한반도에서의 현상 변경을 의미한다. 주변국으로 하여금 한반도에서의 화해 협력의 진전을 위협이 아니라 공동의 이익으로 간주하게 하여 남북 화해와 통일에 주변국의 지지를 이끌어내는 일은 한반도 평화프로세스 못지않게 중요한 일이다. 한반도 평화프로세스를 추진하면서 이와 동시에 동북아 플러스 책임공동체를 구축하는 과제에 한국 외교가 집중해야 하는 이유가 여기에 있다.

그런 의미에서 동아시아에서 공동체를 구축하는 일에 일본이 장애가 되지 않게 하고, 나아가 긍정적인 역할을 수행하도록 이끄는 일은 한반도 화해 협력의 진전을 위해서도 필수적인 일이다. 그러나 위에서 언급했듯이 일본이 그리는 동아시아의 미래는 오히려 냉전적 사고에 가까운 것이다. 다만 2018년에 이루어진 한반도에서의 평화프로세스를 배경으로 일본은 미일동맹에 올인하는 외교에서 벗어나 대 아시아 정책의 기조를 조금씩 수정하고 있다. 이는 신남방정책과 신북방정책, 한반도 신경제구상 등을 통해 동아시아에 평화와 번영의 공동체를 구축하는 것을 목표로 삼은 한국 외교에 기회가 될 수 있다.

트럼프 대통령의 당선 이후 일본은 글로벌한 수준에서 국제질서가 동요하고 있다고 인식하고, 이른바 '규칙기반 자유주의 국제질서(rule-based liberal international order)'를 유지하는 것을 일본의 임무로 받아들여 이를 실천하는 외교를 전개해 왔다. 즉 일본이 보기에, 국제법 준수의 원칙하에, 자유와 민주주의, 인권, 법의 지배, 분쟁의 평화적 해결, 자유무역 등 리버럴한 가치에 입각해서 만들어진 전후 국제질서가 선진 민주국가들에서의 사회적 분단과 정치적 혼란으로 동요하고 있으며, 동아시아 수준에서는 중국과 러시아 등 기존 국제질서에 불만을 품은 국가들이 이에 도전하고 있다는 것이다.

특히 일본에게 중국의 일대일로 구상은 도전요인으로 생각되었다. 일본이 바라보는 일대일로 구상은 수정주의적 국제질서 구상에 다름 아닌 것이었다. 동중국해와 남중국해에서 중국이 해양 국경선의 일방적 변경을 시도하고 있고, 서태평양과 태평양 도서 지역, 인도양에서도 군사적 지위를 확대하고 있어서 이것이 일본의 안보만이 아니라 국제질서 그 자체를 위협하고 있다는 것이다. 이런 상황에서 미국에서 트럼프 대통령이 당선되어 미국 제일주의에 입각한 정책을 펴면서 미국 국익을 기존 질서 유지보다 우선시하고 있다. 트럼프 등장 이후 일본에서는 일본이 전후 국제질서의 최대 수혜자로서 이 질서를 지켜 나가는데, 미국을 대신해 선두에 서야 한다는 생각이 널리 퍼지게 되었다.

일본의 인도태평양 전략은, 미국이 중국과 전략적 경쟁을 하는 와중에, 일본도 중국 국력의 확대와 현상변경 행동에 대해 현실주의적 대응을 취할 필요가 있다는 생각에서 나온 것이었다. 중국의 군사 굴기에 대응하여 필요한 억지력을 강화하고, 중국이 시도하는 현상변경과 개입저지 능력 확대를 어렵게 하는 비용부과전략을 구사함과 동시에 개별 문제에 관한 입장 차이가 전체 중일관계를 악화시키지 않도록 중국과의 신뢰양성을 심화시키고 위기관리체제를 상화하는 것이 일본의 대 중국 정책의 기본 노선이었다. 그런데 2018년 한반도 평화프로세스를 배경으로, 인도태평양 전략이 중국을 대상으로 한 지정학적 포위 전략에서 중국을 대상으로 한 지경학적 포용 전략으로 선회하기 시작했다.

5. 일본의 인도태평양 전략과 신남방정책

인도태평양 전략은 일본 외무성이 발간하는 『외교청서』 2017년판의 「특집, 자유롭고 개방적인 인도태평양 전략(自由で開かれたインド太平洋, Free and Open Indo-Pacific Strategy: FOIP)」에 처음 등장했다. 그 기본 구상을 아베 총리는 2016년 8월 27일부터 28일까지 케냐에서 개최된 아프리카개발회의(TICAD VI)에서 실시한 기조연설을 통해 발표했다. 이를 통해 제시된 인도태평양 전략은 성장이 현저한 아시아와 잠재력이 풍부한 아프리카를 중요지역으로 규정하고, 2개 지역을 인도양과 태평양으로 연결한 지역 전체에서 경제성장을 도모하는 것을 내용으로 한다. 자유무역과 인프라 투자를 추진하여 경제권을 확대하는 것이 주된 내용이지만, 안전보장 면에서의 협력도 그 목표 중에 하나로 설정되어 있었다. 법의 지배에 기초한 해양의 자유를 주장하는 것은 남중국해에서 군사적 거점화를 추진하는 중국을 견제하기 위한 것이기도 했다.

그러나 아베 총리는 2018년 들어 대중관계 개선에 나섰고, 그 기회를 일대일로에 대한 '조건부' 지지에서 찾고 있다. 미일동맹

기축과 중국 포위 전략을 특징으로 하던 아베 총리의 외교가 변하기 시작했던 것이다. 2018년 8월경부터 인도태평양 전략의 기능부전이 확인되기 시작한 것이 결정적인 이유였다. 특히 인도가 대중국 포위망 형성에 부정적인 태도를 보이기 시작했다. 인도는 원래 파키스탄과의 관계로 일대일로에 부정적인 입장이었다. 그러나 인도가 AIIB(아시아인프라투자은행, Asian Infra structure Investment Bank)에 가맹하고 6월에는 뭄바이에서 제3차 연차총회를 개최하기에 이르렀다. 2017년에는 중국과 러시아가 주도하는 상하이협력기구(SCO:Shanghai Cooperation Organization)에 인도가 파키스탄과 동시 가입하기도 했다. 결국 인도태평양 전략에서 인도가 보이지 않는 문제를 낳게 되었다. 전략부재 상황에 빠진 일본이 중국과의 접근에서 활로를 모색하기 시작한 것이다. 미일동맹을 중시하는 가운데, 플랜B를 준비하는 일본 외교가 이러한 변화를 가능하게 했다.

2018년은 중일평화우호조약 체결 40주년, 중일 파트너십 공동선언 20주년, 중일 전략적 호혜관계 공동선언 10주년이자, 덩샤오핑이 일본을 방문하여 중국의 개혁개방을 결심한 해로부터 40주년이기도 했다. 일본은 이를 계기로 중일관계의 새로운 관계를 모색하기 시작했다. 2018년 1월 22일, 아베 총리는 시정방침 연설을 통해, 자유롭고 개방적인 인도태평양 전략이라는 커다란 방향성 하에서, "중국과도 협력하여, 증대하는 아시아의 인프라 수요에 대응해 나갈 것"임을 천명했다. "일본과 중국은 지역의 평화와 번영에 커다란 책임을 지니는, 자르려 해도 자를 수 없는 관계"에 있으며, "대국적인 관점에서 안정적으로 우호관계를 발전시켜가는 것"으로써 국제사회의 기대에 부응해 나가겠다는 입장을 표명했다.

이러한 아베 총리의 태도 표명에 중국은 일본이 일대일로에 참가해 올 것을 기대했다. 2018년 4월, 8년 만에 개최된 제4회 중일고위급경제대화에 참석한 왕이 외교부장이 아베 총리와 회담하고, "일대일로에 대한 일본의 참가는 일중의 경제 무역 협력에 새로운 공간을 열 것"이라고 하여 일본의 참가를 환영했다. 이러한 중일간의 접근은 10월 하순 아베 총리의 방중을 계기로 일정한 성과를 내기에 이르렀으며, 미중 무역전쟁을 배경으로 중일관계는 더욱 긴밀해질 가능성이 있다. 이는 중국의 일대일로 구상과 일본의 인도태평양 전략 사이에서 우리가 추진하는 신남방정책이 협력의 영역을 넓힐 수 있는 기회로 작용할 수 있다.

6. 일본의 대러 접근과 신북방정책

일본의 대러 접근도 신북방정책의 추진과 관련하여 주목할 필요가 있다. 2018년 12월 1일 부에노스아이레스에서 개최된 G20에서 푸틴 대통령과 아베 수상은 24번째 만남을 이어오면서 다진 신뢰

관계를 기초로 러일 평화조약 체결을 위한 교섭단의 구성에 합의했다. 그 과정에서 2016년은 러일관계에서 하나의 전기로 기록된다. 그해 5월 아베 총리는 소치를 방문해서 8개 항목의 경제협력계획을 제안했고 푸틴은 그해 말에 11년 만에 일본을 방문해서 러일간에 최대 규모의 경제협력에 합의했다. 이때 열린 러일 비즈니스 대화에는 총 800명이 참가했으며, 합의된 문서는 정부 당국 간에는 12건, 민간 기관 간에는 68건이었고, 일본의 총 투융자액은 3,000억 엔에 이르렀다. 협력의 내용은 극동에 집중되었는데, 이는 다분히 일본의 의도가 '북방영토'의 반환에 있다는 것을 보여주고 있다.

일본이 제안한 8개 항목은 주로 러시아의 생활 및 환경대국화에 기여하는 내용으로 되어 있다. 이러한 내용이 극동을 중심으로 추진된다는 것은, 일본이 이 지역 주민에게 직접 도움이 되는 경제협력을 구상하고 있다는 것이다. 물론 이로부터 확인할 수 있는 것은 일본의 대러 경제협력의 목표가 '북방영토 반환'에 대한 극동 러시아인들의 이해를 얻는 데 있다는 점이다.

그러나 일본의 대러 접근은 이러한 '정치적 목표'에 더해 '실질적 목표'에 뒷받침된 것이다. 러일 양국 정부는 에너지 분야에서 양국의 협력 필요성이 증대되고 있다는 것을 잘 이해하고 있다. 러시아에서는 2000년대 이후 에너지 분야에서 동방시프트가 진행되고 있으며, 우크라이나 사태 이후 이 움직임은 가속화되어, 일본의 러시아 원유 및 천연가스 수요가 증가하고 있는 추세이다. 3·11 대지진 이후 일본은 장기적으로 탈원자력 사회를 지향하고 있어서, 일본에서 에너지 수입원으로서 러시아의 비중은 더욱 커질 전망이다.

2017년 현재 일본의 에너지 수입 점유율에서 러시아는 원유 총 수입량의 5.8%, 천연가스의 경우 8.7%를 점유하고 있다. 10년 전 사할린1/2 프로젝트로부터의 원유 수입이 1%, 천연가스는 전혀 없었던 데 비교하면, 10년 동안 러일 양국 사이에 큰 변화가 있었던 것이다.

이와 같은 추세를 고려하면 향후 러시아 극동에 대한 일본의 관심은 증대될 것으로 예상된다. 이러한 추세는 우리 정부의 신북방 정책 전개에서 경쟁과 협력의 양면에서 시사하는 바가 크다. 예컨대 러일 천연가스 파이프라인 구상에서 우리가 그리는 그림에 따라 일본은 경쟁자가 될 수도 있고, 협력자가 될 수도 있다.

한편 한일의 환동해권 지방자치체 간 경제협력을 추진하는 것도 신북방정책과 한반도 신경제지도 구상을 전개하는 데 촉진제 역할을 할 수 있다. 일본의 중앙 정부가 인도태평양 전략, 또는 구상으로 동북아시아에 공백을 남기고 있는 가운데 일본의 지방자치체, 특히 환동해권 지방자치체가 동북아시아를 포함한 동아시아

경제권 구상의 중심이 되고 있다.

이와 관련하여 니가타현의 '환일본해'경제연구소(ERINA:The Economic Research Institute for Northeast Asia)'의 활동이 유명하며, 그 외에도 호쿠리쿠北陸 '환일본해' 경제교류촉진협의회(AJEC:Around Japan sea Economic exchange Conference in Hokuriku), 도야마현富山県 아시아경제교류센터(Asia Business Promotion Center, '환일본해' 경제교류 센터를 개칭), 돗토리현鳥取県 '환일본해' 경제교류센터(Northeast Asian Economy Exchange Center Tottori), '일본해 연안지대 진흥연맹' 일본 '자치체 국제화 협회(CLAIR)', '환일본해 거점도시 회의' 등이 일본 지방자치체의 지방창생 구상의 일환으로 지자체 수준의 북방정책을 추진하며, 러시아 및 중국과의 교류를 연계하는 고리로 북한의 변화에 주목하고 있다.

예컨대 '자치체 국제화 협회'는 한중일 3개국 지방정부 교류회의를 1999년부터 정기적으로 실시해 오고 있는 바, 2017년 8월 28일~9월 1일에, 울산광역시에서 개최된 제19회 교류회의에서는 '새로운 패러다임 제시를 통한 동북아시아 지방정부 발전시책의 모색'을 주제로 개최되었으며, 이 자리에서 문정인 외교안보특보가 '지방정부가 견인하는 평화와 번영의 동북아시아로'를 주제로 기조강연을 한 바 있다.

환동해권에서 일본의 지자체와의 협력은, 경제면에서 교류 협력을 강화하는 한편, 관광과 인적 교류 등에서 북한 또는 러시아를 포함한 3자 또는 4자 협력을 시도하는 것으로 새로운 분위기를 조성하는 것이 필요하다.

7. 한반도 평화프로세스와 일본의 시민사회

일본의 환동해권 지방자치체의 움직임에 더해 주목할 것은 일본의 시민사회에서의 움직임이다. 전통적으로 반핵 평화운동을 해 왔던 단체들이 한반도에서의 움직임을 일제히 환영하고 나왔다. 가장 이른 것으로 2018년 3월 15일에 발표된 일본 평화위원회의 성명이 있으며, 이 단체는 4월 28일에는 남북정상회담 환영 성명을 발표했고, 6월 13일에는 북미정상회담을 환영하는 담화를 발표했다. 그 외 4월에서 6월 사이에 일본반핵법률가협회, 아시아태평양법률가협회 및 국제민주법률가협회, 일본 퍼그워시 회의, 일본 AALA(Asia, Africa, Latin America) 연대위원회, ICAN 등 평화운동 단체, 세계종교인평화회의 일본위원회와 NCCJ(The National Christian Council in Japan, 일본 기독교 협의회) 등의 종교인 단체, 나가사키대학 핵무기철폐연구센터(RECNA:Research Center for Nuclear Weapons Abolition, Nagasaki University) 그리고 원코리아페스티벌과 코리아 NGO센터 등 재일코리언 단체 등이 남북 및 북미 정상회담을 환영하는 성명을 잇달아 발표했다.

이러한 단체들의 성명에 더해 한반도 평화 프로세스를 동북아 비핵무기지대화의 출발점으로 삼자는 제언들이 나오기 시작했다. 동북아 비핵무기지대화 구상은 1996년 피스 데포의 우메바야시 히로미치梅林宏道가 처음 발표한 것으로, 2004년에는 피스 데포가 한국 시민단체들과 함께 '모델 북동아시아 비핵무기지대 조약안'을 기초한 바 있다. 우메바야시는 북미정상회담 이후의 평화 프로세스를 지속하기 위한 노력에 일본이 적극 참가할 것을 주장하면서 「세카이(世界)」 2018년 9월호에서 다시 동북아 비핵무기지대화 구상을 전개하고 있다. 즉 그는 '한반도 비핵지대화'만으로는 이 지역에서 평화의 'end picture'가 될 수 없으며, '한반도 비핵지대'의 실현을 위해 일본의 참가가 결정적으로 중요하다고 주장했다. 그런 의미에서 '한반도 비핵지대' 구상은 '동북아 비핵무기지대화'로의 발전이 필수적이라는 것이다.

2012년부터는 나가사키대학 핵무기철폐연구센터가 동북아 비핵무기지대 구상 실현을 위한 '포괄적 프로세스'를 연구하고 있다. 그런 의미에서 RECNA가 지난 6월 13일에 발표한 '북미정상회담과 공동성명에 대한 의견'도 주목할 만하다. '의견'은 '외교에 의한 비핵화'의 길을 열었다는 데 대해 북미정상회담의 의의가 있다고 평가하고 환영했다. 이로써 오래 주장해 왔던 '동북아시아 비핵무기지대화' 조약안이 현실성을 띠게 되었다는 인식이 그 바탕에 깔려 있다.

그 내용은 일본의 비핵 3원칙을 모델로 남북한과 일본의 3국이 비핵무기지대화 조약을 체결하고, 이들 역내 비핵 3개국에 대해, 미국 러시아 중국 등의 핵보유 3국이 핵무기를 사용하지 않으며 핵무기로 위협하지 않는다는 '소극적 안전'을 보증하는 의정서에 서명하는 3+3의 방식으로 동북아시아에 비핵무기지대를 창설하자는 구상이다.

8. 결론: 한일협력이 이끌어가는 동아시아 소다자주의(minilateralism)

제2차 세계대전 전후와 한국전쟁 전후라는 '두 개의 전후'를 극복하여 평화와 번영의 새로운 역사를 여는 것이 동아시아의 과제라고 할 때, 동아시아 평화를 위한 소다자주의 협력체제의 구축이 불가결하며, 여기에서 한일관계가 중심이 되는 역사적 지정학적 근거를 발견할 수 있다.

동아시아에서 한일관계를 밑변으로 해서 이루어지는 삼각형 가운데 가장 작은 삼각형이 한국-북한-일본으로 이루어지는 삼각형이며, 이를 동아시아 평화의 핵심삼각형이라고 부를 수 있다. 이를 둘러싸고 미국-중국-러시아의 큰 삼각형이 배경을 이루고 있다. 한국은 동아시아 평화의 핵심삼각형(한국-북한-일본)과 동아시아 평화의 배경삼각형(미국-중국-러시아)에서 한일-북, 한일-미, 한일-중, 한일-러, 한일-아세안의 삼각형을 운영하는 외교에서 한반도 평화 프로세스를 불가역적이고 지속가능한 것으로 만들어 갈 수 있다.

우리 정부가 남북화해와 한일화해를 동시에 전개함으로써 북일 간에 중재자가 되어 양국의 수교를 추동하고, 우리 정부의 신남방정책, 신북방정책, 한반도 신경제지도 구상과 일본의 인도태평양 구상, 대러 접근, 환동해권 일본 지방자치체의 북방에 대한 관심을 조합해서 위로 유라시아, 아래로 동남아시아를 연결하여 '종축 아시아 평화지대' 창출을 한국 외교의 큰 구상으로 설정할 것을 제안한다.

06 동아시아 평화공동체 구축방안과 한러관계

고상두 연세대학교 대학원 지역학협동과정 교수

동아시아 평화공동체 구축방안과 한러관계

1. 서론

평화를 유지하는 것은 쉽지 않은 일이다. 통일을 달성하는 것은 어려운 일이다. 독일은 통일을 달성하고 평화로운 안보환경 속에서 경제번영을 누리고 있다. 독일은 어떻게 평화와 통일을 달성했는가? 무엇보다도 독일은 분단과 군사적 긴장을 해결하려는 목적으로 유럽의 통합과 평화를 위해 노력했다. 독일은 주변국이 동참하는 정치, 군사, 경제 분야의 다자적 협력체를 만드는 데 주력하였다. 이러한 해결방식은 우리에게 중요한 시사점을 준다. 즉 한반도 문제를 해결하려면 동북아 지역의 통합과 다자주의에 관심을 가지고 노력해야 한다는 것이다.

한반도에서의 군사적 긴장은 단순히 남북한 간의 적대감에서 생겨나는 것이 아니라 주변 강대국을 포함한 동북아 갈등구조 속에서 생겨나는 것이다. 그러므로 한반도에서 무력충돌이 발생한다면 그것은 남북한뿐만 아니라 주변국의 개입을 초래할 것이다. 이처럼 한반도 문제는 동북아 지역평화와 연계되어 있기 때문에, 한반도 평화는 주변국 모두가 참여하는 다자적 안보협력 틀에서 유지되어야 한다.

2. 지역평화공동체의 개념과 성공조건

개별국가들이 자국의 안보를 극대화하려는 노력은 종종 전쟁을 불러일으킨다. 상호경쟁적인 군비경쟁은 결과적으로 참여국 모두에게 비용을 초래하는 것이다. 이러한 안보딜레마를 극복하기 위해서 가급적이면 안보분야에서 경쟁보다는 협력을 하는 것이 매우 바람직하다. 평화유지를 위한 공동의 협력에는 협력의 목적, 방식, 제도화 수준 등에 따라 다양한 유형이 있는데, 유럽과 동북아의 안보협력은 서로 정반대의 모습을 보이고 있다.

첫째, 안보협력의 목적이라는 관점에서 집단방어(collective defense), 집단안보(collective security), 협력안보(cooperative security) 등이 있다. 집단방어는 군사적 위협이 현존하고, 그 위협이 외부에 있다는 특징을 가진다. 냉전시대의 안보는 외부의 적에 대하여 군사동맹을 맺어 공동으로 대응하는 집단방어에 의해 유지되었다. 동북아 지역의 안보질서는 탈냉전 시대인 오늘날에도 군사동맹을 기반으로 하는 집단방어 개념에 의해 유지되고 있다. 유럽의 경우 냉전시대에는 집단방어 개념에 의해 안보를 유지하였지만, 탈냉전과 함께 외부의 명백한 군사위협이 사라지면서, 집단방어 개념이 약화되었다. 냉전시대의 유물이라고 할 수 있는 나토의 역할도 유럽의 방어라는 전통적 역할에서 벗어나 역외지역의 평화유지로 변화하였다. 즉 유럽의 안보협력은 집단방어에서 집단안보로 발전하는 과정에 있다. 협력안보는 집단안보와 동일한 목적을 가지지만 집단안보에 비해 공동체 내부에서 평화를 교란하는 국가가 생겼을 경우 공동 응징한다는 합의 및 절차가 덜 구체적이고 제재수단도 덜 군사적이다. 즉 대화와 타협을 수단으로 분쟁을 해결하려는 것이다. 그러므로 협력안보는 집단안보를 구현할 수 있는 실행개념이라고 할 수 있다.

둘째, 안보협력의 방식은 양자주의와 다자주의로 구분된다. 유럽에서는 다자주의가 일반적이다. 이에 비해 동북아 지역의 안보질서는 양자적 구조로 조직되어 있다. 한국과 미국, 일본과 미국이 각자 양자동맹에 의해 협력하고, 중국, 러시아, 북한도 각각 양자적 차원에서 우호조약을 체결하고 유사시 서로 긴밀히 협의하기로 약속한 군사협력 조항을 갖고 있다. 이러한 양자적 안보질서 때문에 동북아 다자안보협력의 최근 사례인 6자회담의 경우 표면적으로는 북핵문제 해결을 위해 관련 당사국이 모두 참여한 다자 대화처럼 보이지만 실제로는 두 개의 세력이 대립하는 양자적 특성을 보이는 것이다. 6자회담은 본질적으로 북미간의 타협과 합의가 목표이며, 6자회담 내에서 한미일과 북중러가 각각 공조하는 모습을 보이고 있다.

셋째, 안보협력의 제도적 수준이라는 관점에서 안보대화, 안보레짐, 안보공동체 등의 유형이 있다. 제도화는 협력의 지속성과 안정성을 보장해준다. 그러므로 제도화 수준이 높을수록 안보협력이 안정적이고 지속가능하다는 것이다. 동북아는 아직 아세안안보포럼(ARF:ASEAN Regional Forum)이나 아태안보협력이사회(CSCAP: Council for Security Cooperation in the ASIA Pacific) 등과 같은 안보대화의 수준에 머무르고 있는 반면에, 유럽은 안보공동체의 수준으로 제도화되고 있다.

안보레짐이란 안보분야에서 국가 행위자들의 기대가 수렴되는 일련의 묵시적 혹은 명시적 원칙, 규범, 규칙, 의사결정 절차 등을 말한다. 안보레짐에서 가장 대표적인 목표는 군사적 신뢰구축이다. 신뢰구축이란 군사적 운영을 투명하게 하여 분쟁을 막으려는 제도이다. 즉 기습공격의 가능성을 감소시키는 운영체계인 것이다. 신뢰구축의 방안으로는 군사력 및 국방예산의 공개, 군사당국

간 직통전화의 설치, 군사훈련 및 부대이동의 통보 및 참관, 군사 시설 사찰, 핵 선제공격의 포기 등이 있다.

안보공동체가 형성되기 위해서는 참여국가 간에 공동의 정체성이 있어야 한다. 그런데 동북아 지역의 정체성은 매우 이질적인 모습을 보이고 있다. 중국과 북한은 사회주의 국가이고, 한국과 일본은 자유 민주주의국가이며, 그리고 미국과 러시아는 비 아시아적 정체성을 가지고 있다.

이상에서 살펴본 안보협력의 개념에 따르면 현재 동북아의 안보협력은 그 목적, 방식, 제도화의 수준에서 집단방어, 양자주의, 안보대화라는 특징을 가지고 있으며, 가장 이상적인 발전형태는 집단안보, 다자주의, 안보공동체라는 것을 알 수 있다. 하지만 현실적으로 추구할 바람직한 목표는 협력안보, 다자주의, 안보레짐일 것이다. 이렇게 본다면, 동북아 지역평화공동체를 구축하는 데 필수요소는 첫째, 무엇보다도 다자주의이며, 둘째, 대화와 협력이며, 이것이 지역의 평화유지에 구체적인 보탬이 되도록 절차와 구속력을 갖춘 협력체가 필요하다는 것이다.

안보협력이 다자적으로 성립되기 위해 필요한 가장 중요한 전제조건은 공동이익의 실현 가능성이다. 다자협력체에 참여하는 행위자 모두가 이득을 볼 때, 협력은 성공적으로 유지될 수 있기 때문이다. 그러므로 상호 공동이익을 실현하기 위해서는 서로 교환

가능한 다양한 이익이 존재해야 한다. 유럽의 경우 유럽연합은 경제통합을 통해 정치통합을 이룩한다는 접근법으로 경제이익과 정치이익을 결합하였고, 헬싱키 프로세스는 안보, 경제, 인도적 협력이라는 3가지 이익을 결합한 다자협력체라고 할 수 있다.

3. 동아시아의 안보상황

동아시아 지역에서 군사적 긴장이 높아지고 있다. 만델바움Michael Mandelbaum은 21세기에 세계질서를 뒤집는 대규모 전쟁이 발생한다면 동아시아 지역이 될 것이라고 말했다. 키신저Henry Alfred Kissinger는 2014년 뮌헨 안보회의에서 "동아시아 상황은 19세기 유럽과 유사하며 국가 간 무력충돌을 배제할 수 없다"고 말했다. 동아시아가 21세기의 화약고가 되고 있다는 것은 이 지역 국가 행위자들의 행태에서 잘 드러나고 있다. 첫째, 동아시아 국가들의 군비경쟁이 격화되고 있다. 이 지역의 군사비가 유럽을 앞질렀다. 둘째, 분쟁강도는 낮지만 동아시아 지역에는 도서 영유권을 둘러싼 많은 영토분쟁이 일어나고 있다. 셋째, 일본이 전쟁을 할 수 있는 나라로 변모하고 있고, 중국이 경제력을 바탕으로 군비확장에 나섰다. 넷째, 북한의 핵 개발에 대한 해결방안으로 군사적 선제공격이 끊임없이 제기되고 있다. 다섯째, 대만의 독립 노선에 대해 중국이 군사력의 과시로 대응하고 있다.

동아시아의 긴장은 이러한 행위자적 요인뿐만 아니라 구조적 요인에 의해서도 야기되고 있다. 리콴유는 "동아시아 역사에서 지금처럼 중국과 일본이 동시에 강한 적이 없었다"고 말했다. 또한 중국은 미국에게 신형대국관계를 요구하고 있다. 신형대국관계란 부상하는 중국이 패권국인 미국에 도전하지 않는 조건으로 미국이 중국의 핵심이익을 존중해줄 것을 요구하는 것이다. 이처럼 동북아에서 대륙세력과 해양세력의 양자적 대결구도가 강화되고 있다.

냉전시대의 전쟁은 진영 간 세력균형에 의해 억지되었다. 세력균형이란 군사력의 배분이 엇비슷하게 이루어져서 어떤 국가도 다른 국가를 공격하기 어려운 상황을 말한다. 세력균형에 의해 전쟁이 억지된 냉전 상황을 평화적이라고 말하기는 어렵다. 안정적이었을 뿐이다. 냉전시대에 미국과 소련은 세계를 거대한 체스판으로 보았다. 체스판은 제로섬 게임이어서 한 쪽의 이득은 다른 쪽의 손실로 간주된다. 그리고 국가의 운명은 진영의 운명에 의해 결정되었고, 졸의 죽음이 왕의 죽음을 가져올 수 있었다. 그렇기 때문에, 동서 양 진영은 한국, 베트남, 아프가니스탄 등 주변부 국가에서 전력을 다해 싸웠다. 냉전시대에 사용되었던 도미노 이론은 장기판에서 졸들의 죽음이 진영 전체의 몰락을 가져온다는 운명을 설명한 것이다.

냉전이 종식된 이후에도 동북아는 세력균형에 의한 안보대결 구도를 가지고 있다. 한국은 동북아 안보의 양자적 대결구조를 다자적 협력구도로 변모시키려는 일련의 시도를 해왔지만, 그리 쉬운 일은 아니다. 무엇보다도 강대국의 적극적인 지지가 결여되어 있기 때문이다. 미국은 워싱턴을 중심축으로 형성하고 있는 한미와 미일 등과 같은 양자적 동맹구조가 자국에게 유리하다고 생각한다. 그러므로 미국의 중심적 위치가 주는 우월적 지위에 변화를 초래할 다자주의 도입에 반대한다. 중국은 다자간 협의체의 형성이 티벳과 대만문제의 국제 이슈화 및 외부의 간섭을 초래할 것을 우려한다. 반면에 러시아는 동북아 다자협력체 구성에 가장 적극적이다. 따라서 한국의 입장에서는 러시아의 참여이익을 검토하고 활용하여 지역평화공동체 구축을 위한 우군으로 활용할 방안을 마련할 필요가 있다.

4. 동북아 평화공동체 구축에 대한 러시아의 입장

1) 러시아의 지속적인 관심

러시아는 소련시절부터 동북아 지역에 다자간 안보협력체 창설을 주장했으며, 아태지역의 안보문제 해결을 위한 다자주의적 접근을 최초로 주장한 국가이다. 1969년 6월 브레즈네프 공산당 서기장은 아태지역에서 중국의 봉쇄와 미국의 견제를 목적으로 '아시아집단안전보장기구'의 창설을 제안하였다. 하지만 이 제안은 중국과 미국을 배제함으로써 역내국가의 미온적 반응을 얻었다.

1986년 7월 고르바초프 서기장은 시베리아 극동지역의 개발과 아시아에서의 외교적 고립에서 벗어나기 위하여 중국과 미국을 포함하여 아시아판 헬싱키 회담이라고 할 수 있는 '전아시아포럼'을 제안하였고, 1988년 9월에는 크라스노야르스크 선언을 통해 '전아시아안보회의'로 수정해서 제안 하였으며, 1990년 12월에는 '아시아안보협력회의'로 발전시켰다.

러시아는 1960년대 이후 아태지역의 다자안보협력체 결성을 주장해 온 구소련 외교정책의 연장선상에서 동북아 다자안보를 가장 적극적으로 주장하고 있다. 소련의 구상이 관련국과의 충분한 협의 없는 선언에 불과하였다면, 러시아 정부의 제안은 관련국과 현안에 관한 사전조율을 거쳐 제시한다는 점에서 차이를 보인다. 예를 들어, 1994년 1차 북한 핵위기 때 유엔 안보리에서 동북아 6개국과 UN, IAEA(국제원자력기구, International Atomic Energy Agency)가 참여하는 8자회담을 제안하였고, 2003년 제2차 북한 핵위기 때는 6자회담을 성사시킨 것이 매우 가시적인 성과로 기록될 수 있을 것이다.

2) 러시아의 지정학적 이익

• 극동지역의 영토적 보장

러시아는 유라시아 대륙의 중앙에 위치하여 유럽과 아시아라는 군사적으로나 경제적으로 강대한 지역과 동서 양쪽으로 접하고 있다. 특히 유라시아 대륙의 안정적 관리를 위해 동북아 지역에서의 안보협력이 필요하다. 무엇보다도 러시아 극동지역은 안보적인 취약성을 갖고 있다. 극동방면의 군사력은 현저히 약화되었으며, 북한이 유일한 완충국가이다. 수도 모스크바로부터 원거리에 있고, 인구밀도가 낮으며, 중국인의 불법이주와 일본의 북방도서 반환 등의 현안이 있다.

• 동북아에서의 영향력 증대

러시아는 자신의 영향력이 제한적인 동북아 지역에서 다자외교적 관여를 통해 역할을 증대할 수 있는 기회를 끊임없이 모색하고 있다. 특히 러시아는 우크라이나 사태로 인한 서방의 제재로 유럽지역에서 수세에 몰리고 있다. 그리하여 아시아 태평양 지역에서 강화된 협력관계를 찾고 있다. 푸틴 대통령의 신동방정책은 러시아가 아태지역에서 모색하고 있는 새로운 방향각이다. 다자협력체는 한국과 러시아가 정책적으로 협력할 수 있는 접점이다.

• 시베리아 극동지역의 개발

러시아는 동북아 평화공동체가 구축되어 남북러 간의 삼각협력이 가능하게 되면, 철도, 가스관, 송전선 연결 등 그동안 한러 양국정상 간의 합의에만 그쳤던 거대한 유라시아 대륙연결망 사업이 줄줄이 성사될 수 있기 때문에 평화분배금의 최대 수혜국이 될 수 있다.

3) 러시아의 3가지 접근법

(1) 다극주의

러시아는 항상 강대국 외교를 추구한다. 러시아의 영토는 거의 미국과 중국을 합친 크기이다. 광대한 영토에 자연자원이 풍부하며, 특히 세계경제 발전에 필수적인 석유와 가스의 글로벌 공급자 역할을 하고 있다. 러시아는 유엔안보리 상임이사국이며, 약 4,500개의 핵탄두를 실전배치하고 있다. 이러한 이유 때문에 러시아는 강대국 외교를 취할 자격이 충분하다고 생각한다.

하지만 서방국가들은 국제무대에서 러시아를 무시한다. 미국과 유럽의 군사동맹인 나토는 동부확대를 거듭하여 러시아 국경까지 밀고 들어갔다. 유럽의 전쟁사를 보면 러시아는 영토와 인구 면에서 가장 큰 나라임에도 불구하고 늘 서유럽 국가로부터 침략을 당하였다. 이러한 경험을 통해 러시아인들은 '강해야 생존한다'는 역사적 교훈을 체득하였다. 그리하여 그들은 싫든 좋든 운명적으로 러시아는 강대국이 되어야 한다는 안보인식을 갖게 되었고, 강대국 외교를 통해 국제질서의 형성에 능동적으로 관여해야 한다고 믿고 있다.

냉전의 종식 직후 형성된 미국의 일극질서에 대응하여 러시아는 다극질서를 추구하였다. 신현실주의적 관점에서 보면 국제체제의 구조는 국가의 행위를 결정하는 중요한 요인이다. 시장으로 비유하자면, 시장구조가 기업의 행위를 결정한다는 것이다. 즉 시장이 독점, 과점, 혹은 경쟁 등 어떠한 구조적 특징을 가지는가에 따라 기업은 그에 합당한 경제행위를 하게 된다. 동일한 논리에 따라 미국이 유일 초강대국일 때는 마치 독점기업처럼 일방주의적 해결방식을 사용하게 되고, 다극적 구조에서는 다른 국가들과 국제문제를 협력적으로 해결하는 경향을 보이게 되는 것이다.

이러한 맥락에서 러시아가 추구하는 동아시아 외교의 최우선 목표는 다극적 국제질서의 형성이다. 즉 러시아는 동북아 국제체제를 미국의 패권적 질서에서 러시아, 중국, 일본 등이 참여하는 과점적 형태로 바꾸고자 하는 것이다. 러시아의 다극화 추구심리는 동북아지역에서 다자적 안보질서를 형성하려는 배경이 되고 있다.

(2) 다자주의

러시아는 북핵문제를 해결하는 방식에서 다자적 접근법을 강조한다. 러시아가 제안하는 다자주의란 6자회담의 재개를 말한다. 2018년 6월초 싱가포르에서 개최된 북미정상회담 직전 라브로프 러시아 외교장관은 평양을 전격 방문하여 김정은 위원장과 면담하였고 "한반도 비핵화는 모든 관련 당사국의 이익을 고려하여 추진되어야 한다"고 말하면서, 6자회담이 북핵문제 해결의 가장 적절한 틀이라고 주장했다.

러시아는 북한에 대한 체제보장을 6자회담에서 약속해야 한다고 주장한다. 사실 북한은 미국의 체제보장 약속을 못미더워한다. 북한은 1994년 클린턴 행정부와 체결한 제네바합의를 새로이 등장한 부시 행정부가 인정하지 않았다고 비판해왔다. 미국의 일방주의에 대한 불만은 러시아도 갖고 있다. 러시아는 1972년 미소간에 체결되어 30년간 유지된 탄도탄요격미사일(ABM) 제한협정을 부시 대통령이 폐기한 것과 이란 핵 합의를 트럼프 대통령이 파기한 것을 비판하고 있다.

특히 이란 핵 합의 파기는 미국이 대북 합의도 파기할 수 있다는 우려를 불러일으킨다. 북한이 이행해야 할 비핵화 조치는 불가역적인 반면에 미국이 약속하는 체제보장은 가역적인 성격을 갖고 있다. 군사훈련과 경제제재는 재개될 수 있으며, 평화협정과 외교

관계 정상화는 언제든 취소될 수 있는 것이다. 그러므로 러시아는 미국 이외 다른 강대국이 북한의 체제를 함께 보장해주어야 한다고 보며, 6자회담이 북미간에 진행되고 있는 비핵화 합의의 이행여부를 보장할 수 있다고 생각한다.

러시아는 6자회담이 2007년 2·13 합의에 도달하는 등의 성과를 거둘 수 있었던 것은 미국과 북한이 대립하는 가운데 러시아, 중국, 한국, 일본이 공동의 이행전략에 합의하고 양국을 설득했기 때문이라고 본다. 추후 일본은 납치자 문제 때문에 미국편으로 선회하였지만, 오늘날 한국에 신정부가 들어섰고, 일본이 북한 비핵화 의지를 갖고 동참한다면, 또 다시 한중일러 4개국의 '평화연대'가 북미간의 조정자 역할을 할 수 있을 것이라고 본다.

(3) 지역주의

러시아는 북한의 핵개발은 동북아 지역의 군사적 대결에서 비롯된 것이라고 보고, 북한 핵무기는 체제유지를 위한 방어용 무기라고 생각한다. 그러므로 동북아 지역에 항구적인 지역 평화공동체를 형성하는 것이 북한 비핵화의 근본적인 해결책이라고 본다. 즉 한반도 비핵화 문제의 완전한 해결은 지역 안보협력체의 완성에 있다고 본다.

이러한 맥락에서 러시아는 2007년 2·13 합의에 따라 6자회담

내에 설치된 5개의 실무그룹 중에서 '동북아평화안보 실무그룹'의 의장국을 자임하여 맡았다. 그리고 남북 및 북미 관계가 경색되고 6자회담이 공전하기 시작한 2009년 2월 모스크바에서 미국과 북한의 대표와 함께 제3차 실무그룹 회의를 개최하였다. 이것은 동북아 다자안보협력체 창설에 대한 러시아의 강한 의지를 보여주는 것이며, 러시아는 6자회담의 틀을 동북아 안보협력체제로 전환하려는 원대한 구상을 갖고 있다.

또한 최근 러시아는 한반도 비핵화 해법으로 제시한 로드맵의 마지막 3단계에서 지역평화공동체의 형성을 제시하였다. 2017년 7월 모스크바에서 열린 러중 정상회담에서 푸틴 대통령과 시진핑 주석은 한반도 문제를 해결하기 위해 북한은 핵과 미사일 실험을 중단하고 한미 양국은 군사훈련을 중단할 것을 요구하였다. 이러한 공동선언을 바탕으로 그해 11월 러시아 정부는 한반도 비핵화를 위한 3단계 로드맵을 제시하였는데, 1단계에서는 핵실험과 군사훈련을 동시에 중단하고, 2단계에서는 비핵화와 평화협정을 위한 북미간 직접대화를 하며, 3단계에서는 동북아 지역안보 구축과 외교관계 정상화를 위한 다자대화를 하자는 것이다.

러시아의 3단계 로드맵을 발전시켜 중국은 쌍중단, 쌍궤병행이라는 2단계 해법을 들고 나왔는데, 이 둘은 내용상으로는 동일하며, 러시아의 1단계가 중국의 쌍중단, 2-3단계가 쌍궤병행에 해당한다. 이러한 점에서 보면 러시아와 중국은 한반도 문제 해결에서 동일한 시각과 접근법을 가지고 있으며, 적어도 단계적 해결이라는 아이디어 차원에서는 러시아가 주도하고 있다는 것을 알 수 있다. 러시아는 3단계 로드맵을 알리기 위해, 모굴로프 외교차관이 한국을 방문하였고, 비슷한 시기에 러시아 하원의원단이 북한을 방문하였다. 의회 차원의 방북은 지난 25년 만에 처음 있는 일이다.

미국은 북한 비핵화 문제의 단계적 해결을 반대하지만, 현실은 러시아의 주장대로 진행되고 있다. 작년 말 이후 북한은 핵과 미사일 실험을 중단하였고, 한국과 미국은 정례 군사훈련을 축소 중단하고 있다. 따라서 현재 한반도 비핵화 과정은 러시아의 로드맵이 제시한 1단계를 지나 이제 2단계 대화국면에서 북미간 직접협상이 진행되고 있는 중이다.

5. 한국의 중진국 리더십

외교 전략에는 경쟁외교와 창조외교라는 두 가지 유형이 있다. 경쟁외교가 이미 형성된 게임규칙 하에 자국의 이익을 극대화하기 위한 노력이라면, 창조외교는 게임의 규칙을 만드는 일이다. 즉 창조외교란 새로운 이익의 창출을 가능케 해주는 규범형성의 외교이다. 그동안 한국은 국제레짐이나 국제기구를 주도적으로 만드는 창조적 외교에 소홀하였고, 주어진 게임규칙에 충실히 따르며 상대적 이익을 위한 외교경쟁에 힘을 쏟았다. 물론 외교사에 남는 역사적인 국제다자회의는 대부분 강대국에 의해 주도되었다. 하지만 헬싱키 프로세스, 교토협약, 반둥회의 등과 같이 중견국도 국제규범을 창출하는 데에 선도적인 역할을 한 사례가 있다.

특히 동북아 평화공동체 형성에 있어 대표적인 모델로 일컬어지는 헬싱키 프로세스는 중진국에 의한 성과이다. 데탕트로 인하여 미국과 소련이 화해협력을 하게 되고 상호 핵전쟁의 가능성은 낮아졌지만, 양 진영에 속한 중소국가들은 초강대국들의 약화된 안보공약을 우려하게 되었고, 이에 서방진영의 프랑스, 영국, 독일과 동구진영의 폴란드, 루마니아의 주도하에 유럽안보협력회의가 추진되었던 것이다.

그동안 한국이 많은 다자대화 메커니즘을 추진하였지만, 이것을 국제레짐 그리고 더 나아가 국제기구 혹은 지역공동체로 격상시키는 제도화 수순을 밟는 데는 미흡함을 보였다. 이러한 노력이 성공하기 위해서는 무엇보다도 다자적 협력환경이 필요한데, 동북아 지역 다자화에서 러시아가 우리의 적극적 동반자가 될 수 있을 것이다. 6자회담이 비핵화 방안을 도출하려는 안보대화 형태에 불과했다면, 동북아 평화공동체는 구속력을 갖춘 지역레짐으로서 미국과 북한의 비핵화 합의를 실행에 옮기는 역할을 한다는 점에서 6

자회담보다 훨씬 실천력이 있는 다자협력체가 될 수 있을 것이다. 이러한 지속가능한 범지역적 해결책을 구현하기 위해 한국은 다자협력에 가장 관심이 많고 6자회담의 동북아 평화안보체제 실무그룹 의장을 맡고 있는 러시아와 적극적으로 협력할 필요가 있고, 이것은 한러간에 약속한 전략적 동반자관계가 실질적으로 가동되는 계기가 될 것이다.

러시아는 중국과 함께 북한의 붕괴를 원하지 않는다. 그렇기 때문에 러시아는 북한의 핵개발을 반대하지만, 북한을 지나치게 압박하게 되면 북한이 붕괴할 것을 우려하고 있다. 그러므로 동북아 평화공동체는 북한의 비핵화와 함께 북한의 체제유지를 동시 목표로 삼아야 할 것이다. 또한 동북아 공동체는 다자간 조약에 의해 제도화되어야 한다. 유럽의 경우 CSCE(유럽안보협력회의, Conference on Security and Cooperation in Europe)는 헬싱키 조약에서 출발하였고, EU는 파리조약에서 출발하였다. 그리고 이후 일련의 협정을 통해 평화공동체의 구속력을 높여나갔다. 동북아 평화공동체도 출발점은 북미 합의이지만, 이후 일련의 조약을 체결함으로써 지역 평화를 위한 구속력 있는 다자협력체로 발전해야 할 것이다.

6. 결론

유럽과 달리 동북아 지역에서는 2차대전 종전 이후 영토를 포함한 안보갈등이 완전히 종결된 전후질서가 마련되지 못하였다. 중국이 1949년 공산화되면서 체결된 샌프란시스코 평화조약은 일본에게 전쟁책임과 배상 등을 묻지 않는 미완의 안보질서를 구축함으로써 동북아 지역에는 국가 간의 군사대립, 영토분쟁, 과거사 등과 같은 갈등이 내재화된 상태가 되었다. 결국 미국은 자유진영을 다자적으로 결속하지 못하고 미일동맹과 한미동맹이라는 양자적 군사동맹을 구축했고, 공산진영은 북중동맹과 북러동맹으로 파편화되었다. 그 결과 동북아지역에는 전지역적 차원의 다자적 안보협력이 생겨나기 어려운 구조가 고착화되었다. 따라서 우리는 한반도 비핵화를 계기로 동북아 지역에 새로운 안보질서를 형성하여 항구적인 평화가 정착될 수 있도록 노력해야 할 것이다.

한반도 비핵화를 위해서는 북한의 핵폐기, 평화협정, 평화체제 등과 같은 일련의 과정을 거쳐야 하고, 이러한 과정 속에서 다자적 지역평화공동체를 구축하는 기회를 가질 수 있을 것이다. 특히 한반도의 비핵화 과정을 지리적으로 확대하여 동북아를 비핵화 하는 구상으로 발전시킬 필요가 있다. 동북아의 비핵지대화 구상은 남북한 이외에 일본과 대만을 포함한 핵 안보레짐으로 발전되어야 할 것이며, 비핵국가에 대한 핵 선제공격의 금지 등이 포함되어야 할 것이다.

그런데 평화공동체를 형성하는 것이 현실적으로 그리 쉬운 일은 아니다. 동북아는 유럽에 비해 행위자 수가 적다. 이것은 이익의 교환이 분명하고 가시적이라는 장점이 있다. 또한 행위자가 늘어날수록 의견과 이익이 다양해지기 때문에 합의에 도달하기 어려운데, 동북아의 경우에는 이러한 문제를 피할 수 있다. 하지만 미국은 동북아 안보질서 형성에 소수의 행위자가 참여하길 원한다. 북한의 비핵화 문제도 북미 직접대화를 통해 해결하려는 태도를 보이고, 과거에는 4자회담을 주장했다가 러시아와 일본의 반발로 실패로 돌아간 경험이 있다. 이처럼 미국은 참여자를 과도하게 축소하는 태도를 보이고 있으며, 최근 트럼프 정부는 중국과의 무역전쟁을 촉발하고 있다. 평화공동체 구성에는 안보협력 못지않게 경제협력이 중요한데, 이러한 미국의 태도는 평화공동체 형성에 도움이 되지 않는 것이다. 또한 다자협력체 구성의 성공조건이 공동의 이익인데 중국의 경우에는 영토문제를 핵심이익으로 내세우며 주변국가와 갈등을 빚고 있다. 미국과 중국의 소극적인 태도를 감안할 때, 동북아 평화공동체 건설과정은 단계적으로 구현할 필요가 있고, 우선 군사적 긴장완화를 목표로 하는 낮은 단계의 평화공동체를 달성하는 것이 현실적이다.

국제정치는 국내정치와 연계되어 있다. 즉 국제적으로 중요한 협정을 체결하더라도 국내적 지지를 받지 못한다면 정책추진의 동력을 상실하게 된다. 이러한 관점에서 동북아 평화공동체에 대한 국회의 비준문제를 고민해야 한다. 독일의 경우에는 사민당이 체결한 헬싱키 조약에 대하여 당시 야당이었던 보수 기민당이 비준을 거부하였다. 다자적 지역안보협력의 형성으로 나토가 약화되거나 대체될 것을 우려하였기 때문이다. 독일에게는 두 가지의 안보협력이 있었는데 집단방어적 개념의 나토가 그중 하나이다. 나토는 소련을 정점으로 하는 바르샤바 조약기구에 대적하는 군사동맹이었고, 여기에 추가하여 동서유럽의 모든 국가들이 참여하는 전유럽안보협력회의가 있었다.

우리의 경우에는 한미동맹이 나토동맹에 해당하고, 동북아 평화공동체가 헬싱키 프로세스에 해당할 것이다. 그러므로 동북아 평화공동체가 한미동맹을 약화시킨다면 국내비준이 어려울 것이다. 따라서 북핵 문제가 완전히 해결되지 않은 상태에서 한미동맹이 약화될 수 있는 동북아 평화공동체 형성은 어려울 것이며, 이러한 관점에서 낮은 단계의 평화공동체를 초기 목표로 내세우고, 다자주의에 관심이 있는 한국, 러시아, 일본이 주도하여 다자협력 구상을 구체화한 후, 점차 북한, 중국, 미국을 끌어들여야 할 것이다.

이를 위해 한러간의 긴밀한 협력이 필요하다. 하지만 양국협력에서 가스와 철도 연결에만 집중하는 것은 다소 부족한 느낌이다. 문재인 대통령이 주장한 나인 브리지 구상처럼 다양한 협력 메커니즘을 고안하여, 수십 년째 한러 간에 약속하였지만 이행되지 못하고 있는 실크로드 사업 이외의 다른 실행 가능한 협력사업을 추진할 필요가 있다. 예를 들어 스마트 시티 건설은 광대한 시베리아 극동지역에 1,000만 이하의 인구가 산재해 살고 있는 인구지리적 문제점을 극복할 수 있는 중요한 개발협력사업이다. 정보통신을 활용한 네트워킹은 극동 주민들의 생활수준을 크게 높일 수 있을 것이다. 또한 스마트 농법을 활용하여 우수리스크 지역의 농업 생산성을 높인다면, 극동지역의 식량생산 증대와 다양화에 기여할 수 있을 것이다.

한러 간의 협력에는 심리적 장애물도 있는데, 무엇보다도 한국인들이 러시아에 대해 부정적인 이미지를 갖고 있다. 러시아는 현재의 한반도 분단상황에서 여전히 북한 편을 들고 있다. 이것은 러시아의 반미적 정서와 대륙국가로서의 정체성 때문이다. 하지만 한반도가 통일할 경우 러시아는 주변국 중에서 비교적 강한 반대를 하지 않을 국가에 속한다. 왜냐하면 러시아는 시베리아 극동의 개발을 위해 한국과 긴밀한 경제협력을 원하고 통일로 인한 협력 이득이 매우 크기 때문이다. 그러므로 우리는 러시아의 불가피한 양면성을 이해하고, 한러 전략적 동반자 관계를 적극적으로 활용하여 동북아 평화공동체를 형성하는 중요한 동반자로 삼아야 할 것이다.

7 한반도 평화를 위한 아세안 외교: 신남방정책과 한반도 문제 연계

이재현 아산정책연구소 연구위원

한반도 평화를 위한 아세안 외교: 신남방정책과 한반도 문제 연계

1. 서론

2017년 출범한 문재인 정부는 같은 해 말 아세안ASEAN과 인도에 대한 외교정책으로 신남방정책을 선언했다. 역대 한국 정부에서 아세안에 대한 별도 외교정책 이니셔티브를 취한 것은 문재인 정부가 처음이다. 대통령 선거 공약과 100대 국정과제에도 포함된 신남방정책은 국내뿐만 아니라 대상 지역인 아세안과 인도에서도 큰 관심을 끌었다. 그러나 2017년 아세안+3 정상회의를 계기로 발표된 신남방정책은 이후 몇 번의 정상방문 시 다시 조명되었을 뿐 아직 그 구체적인 구상을 내놓지 못하고 있다. 여러 가지 이유가 있겠지만 가장 중요한 이유는 한반도를 둘러싼 상황이 2018년 초부터 급속도로 전개되면서 외교다변화, 신남방정책 등 다른 외교

사안을 제대로 돌볼 여유가 없었기 때문이다.

신남방정책의 성공을 위해서도, 한반도의 항구적 평화를 위해서도 신남방정책과 한반도 평화라는 두 개의 정책 방향을 조화시킬 필요가 있다. 아세안이 어떻게 한반도의 평화와 번영에 기여할 수 있는지 확인하고 한반도 평화에 도움이 되는 신남방정책 추진이 필요하다. 또한 한반도 문제에 대한 아세안의 건설적 기여를 이끌어내기 위해 아세안의 지지와 마음을 얻는 신남방정책을 추진해야 한다. 아울러 효과적인 신남방정책 추진을 위해 보다 많은 외교 자원을 투입해야 한다. 이는 한반도 문제에 투입될 외교 자원의 낭비가 아니라 시너지 효과를 일으키기 위한 준비다.

이런 방향성 아래 먼저 한국 정부가 추진하는 신남방정책은 어떤 것이고 어느 지점에서 한반도 문제와 연결되는지 확인을 해야 할 것이다. 이어 구체적으로 아세안이 한반도의 평화와 번영에 어떻게 관여할 수 있는지 방법을 확인할 필요가 있다. 이는 신남방정책을 통해 한반도 문제에 아세안의 관심과 지지를 촉구할 때 효과적인 설득의 포인트가 된다. 마지막으로 한국과 아세안은 강대국 경쟁과 국가 간 경쟁으로 파편화된 동아시아 지역 환경 속에 놓여 있다. 이런 환경을 극복하고 어떻게 전략적 협력의 방향을 설정할 수 있는지, 나아가 아세안의 과거 경험으로부터 동북아 및 동아시아 지역의 국가 간 경쟁을 완화하고 협력을 이끌어 낼 방안은 무엇인지 검토한다.

2. 문재인 정부의 신남방정책

신남방정책에 대한 이해는 신남방정책을 포괄하는 더 큰 대외정책 혹은 주변부 정책틀인 동북아플러스공동체 구상으로부터 출발해야 한다. 동북아플러스공동체 구상은 문재인 정부 외교정책의 가장 핵심적 내용으로 한국의 지역 정책을 포괄한다. 이 구상은 세 가지 구체적 하위 구상으로 구성된다. 첫 번째로 동북아 3국간 협력과 한반도 문제를 중심으로 하는 동북아평화협력플랫폼이 있다. 두 번째로 한반도로부터 북쪽으로 중국의 동북 3성, 러시아, 중앙아시아로 확장되는 신북방정책이 있다. 그리고 신남방정책은 한반도로부터 남쪽으로 펼쳐 나가 아세안과 인도를 포괄한다.

이 구상에서 동북아평화협력플랫폼은 평화의 축으로, 신북방정책과 신남방정책은 번영의 축으로 설정되어 있다. 그러나 세 축 모두 평화와 번영의 요소를 포함한다. 동북아평화협력플랫폼은 동북아 3국간 협력과 한반도 평화라는 평화 요소가 강하지만 한반도 평화와 동북아 3국간 협력을 통한 한반도와 지역 국가들의 번영이란 요소를 고려하지 않을 수 없다. 마찬가지로 신북방정책과 신남방정책도 원론적으로는 번영의 축을 구성하고 있지만 평화 없는 번영은 불가능하고, 번영 없는 평화는 의미가 없다는 측면에서 모두 평화와 번영의 요소를 함께 포함하고 있다.

좀 더 구체적으로 신남방정책은 2017년 문재인 대통령의 인도네시아, 필리핀, 베트남 순방 시 밝힌 3P, 즉 사람(people), 번영(prosperity), 그리고 평화(peace)라는 원칙을 중심으로 전개된다. 사람이라는 요소는 모든 협력의 핵심에는 사람을 위한 정의와 평화, 번영이라는 요소가 최우선이 되어야 한다는 의미다. 나아가 한국과 신남방정책 대상 국가 사이 협력에서 사회문화 협력, 인적 교류 분야를 바로 이 사람이라는 원칙이 포괄한다. 번영의 원칙은 경제협력의 원칙인데 과거 한국의 대 아세안 경제협력의 문제점이었던 중상주의적 접근을 지양하고 한국과 신남방정책 대상 국가 사이의 상호 번영, 번영의 선순환을 상정한다. 다시 말해 대상 국가의 번영이 향후 한국의 경제성장으로 돌아오는 선순환적 관계를 상정하고 일차적으로 한국이 대상 국가에서 어떤 경제적 이익을 얻을 것인가를 넘어서 한국이 대상 국가들의 경제성장을 어떻게 지원할 것인가에 관심을 둔다.

마지막으로 평화의 요소는 이전과 크게 달라진 부분이다. 지금까지 한-아세안 협력의 분야별 발전을 보면 정치안보 협력이 가장 뒤떨어져 있는 것이 사실이다. 경제협력의 경우 숫자로 표시되는 실적이 협력을 촉진할 수 있다. 사회문화 협력이나 경제협력은 정부차원에서 일단 문을 열어 놓으면 그 이후 협력의 촉진은 사적 부문이 이끌어 간다. 경제협력은 사적 기업들이 이윤 추구를 위해서 촉진시킨다. 사회문화 협력 역시 플랫폼이 만들어지면 다양한 사회문화 단체들이 문화교류, 인적교류를 주관하면서 발전한다. 반면 정치안보 협력은 처음부터 끝까지 정부의 일이다. 정치안보 협력에는 사적 부문이 없다. 정부차원에서 보다 중점을 두어야 하는 것이 정치안보 협력, 신남방정책에서는 평화협력이다.

과거 한국의 아세안 정책은 평화가 아닌 정치안보 협력에 중점을 두었다. 정치안보 협력에 초점을 둘 때 아세안 국가들의 안보협력에 대한 민감성으로 인해 일정한 한계를 가질 수밖에 없다. 또한 한국의 가장 큰 안보 이슈인 한반도 문제와 남중국해를 포함한 동남아 국가들의 안보 이슈는 공통 위협의 부재로 인해 서로 협력하기 어려운 한계를 보일 수밖에 없다. 신남방정책의 평화협력은 안보가 아닌 평화를 중심으로 한국과 신남방정책 대상 국가가 지역에서 평화를 건설하는 세력으로 협력하자는 의미를 담고 있다.

안보협력의 담론을 평화협력으로 대체할 경우 한-아세안 사이 협력을 강화하는 유인으로 작용할 수 있다. 아세안이나 한국이나 평화의 건설이라는 명제에 대해서 반대할 이유는 없다. 오히려 협력의 촉진을 위해서 평화문제를 논하는 것은 한국과 아세안 양측 입장에서 바람직한 일이다. 한반도의 평화 건설은 문재인 정부의 최대 과제이다. 아세안 국가들 역시 가장 큰 안보 사안인 남중국해 문제에서 힘의 불균형이 명확한 현 상태를 감안하면 힘을 통한 문제의 해결보다는 남중국해에서 원만한 평화의 건설, 남중국해의 평화적 이용 방안이라는 방향에 보다 관심을 가질 수 있다. 평화협력에서는 공통의 안보 위협 부재가 크게 문제가 되지 않으며 지역에서 평화건설이라는 공통의 목표로 협력을 촉진할 수 있다.

또 다른 차원에서 평화라는 담론은 강대국에 대한 중소국가들의 좋은 무기가 될 수 있다. 규범적 차원에서 평화건설에는 아무도 반대할 수 있는 논리가 없다. 중소국가들이 강대국에 대해서 대응할 수 있는 가장 좋은 방안은 바로 이런 규범에 기반한 담론의 확산이다. 이 지역에서 한국과 아세안이 평화 건설의 세력이 되겠다고 하는 명분을 가진 평화협력에 대해서 강대국들이 반대할 수 있는 논리는 없다. 더 나아가 중소국가들이 안보를 앞에 내세울 경우 강대국과의 현격한 힘의 차이로 인해 강대국을 상대하기 어렵다. 안보 문제는 일차적으로 물리력이 중요하기 때문이다. 반면 평화담론을 앞에 내세울 경우 강대국도 이에 반대할 수 있는 논리가 없고 이런 점에서 중소국가들이 상대적인 비교우위를 가질 수 있다.

특히 최근 한반도의 대화 분위기 조성은 한국의 입장에서 평화를 전면에 내세울 좋은 기회를 제공한다. 한반도의 불안정 상황, 북한의 핵개발은 늘 지역에서 가장 큰 안보 위협 중 하나였다. 이런 안보 위협을 관리하고 한반도에서 한국이 주도적으로 평화를 정착시켜 나가는 노력이 어느 정도 결실을 거둔다면 지역 평화건설을 위한 한국의 적극적 역할, 주도적 역할이란 주장은 더욱 탄력을 받을 수 있다. 아세안 역시 남중국해 문제에서 중국과 현저한 힘의 차이를 절감하고 있는 상태에서 남중국해 문제를 안보의 논리로 풀기보다 평화의 논리로 관리하는 것이 아세안 국가들의 이익에 부응할 수 있다. 또한 아세안 안에서 남중국에서 영토를 주장하는 국가와 그렇지 않은 국가 사이에 남중국해 문제에 관한 이견이 자주 노출되는데, 평화건설이라는 담론은 이런 갈등하는 아세안 내 인식차를 메울 수 있는 방안이다.

3. 평화와 번영의 한반도를 위한 아세안의 역할

1) 한반도 문제에 관한 한국의 대 동남아 접근법 수정

신남방정책 평화부문 협력의 하나로 한-아세안 협력을 통해 한반도의 평화와 번영을 만들어가는 데 한 가지 전제조건이 필요하다. 한반도 문제와 관련된 기존 한국의 대 아세안 접근 방식이 크게 바뀌어야 한다. 한국은 아세안 국가들에게 한국의 입장을 지지해줄 것을 요청하면서도 아세안을 한반도 문제의 중요한 행위자로 여긴 적이 별로 없다. 한반도 문제에 관한 한 한국의 대 아세안 시각은 도구주의적 관점을 벗어나지 못했다. 한국이 아세안을 바라보는 이런 도구주의적 관점이 바뀌지 않으면 신남방정책 전체의 성공도, 신남방정책의 평화협력을 통한 한반도 평화 건설도 어렵다.

뿐만 아니라 한반도 문제와 관련된 한국의 아세안 정책과 아세안의 한반도 문제 관여 의지는 과거에 지속적으로 엇박자를 냈다. 간단히 말해 한국이 북한 문제 관련 아세안의 지지를 요청했을 때 아세안은 한반도 문제에 관여할 생각이 없었고, 반면 아세안이 한반도 문제에 관심을 보였을 때는 한국이 아세안을 변수로 생각하지 않았다. 한국은 주로 남북관계가 경색된 시기, 한반도의 긴장이 고조된 시기에 아세안 국가들에 대한 접근을 강화했다. 북한 도발을 비난했고, 북한에 대한 경제 제재 등 압박을 강화하기 위해 아세안 국가들의 북한에 대한 적극적 비판, 행동을 주문했다.

반면 한반도 상황이 대화국면에 있을 때 아세안은 한반도 문제에 보다 적극적으로 관여했다. 남북의 대화 국면에서 남북대화의 지속, 한반도 문제의 평화적 해결이라는 주문은 남과 북 중 어느 일방으로 기우는 입장은 아니다. 더 나아가 대화국면에서는 아세안이 한반도 문제에 대한 자신의 입장을 밝혀도 큰 부담이 되지 않는다. 그러나 이 시기 한국은 대화 지속의 기반 마련을 위해 아세안 등 지역, 국제적 여론을 관리하기보다는 빠른 성과를 위해 강대국 외교에 더 많은 자원을 투입했다. 한반도 대화 국면에서 아세안은 주요 외교적 노력의 대상이 아니었고, 아세안의 보다 적극적 역할 제안은 한국 정부에 의해서 중요하게 취급되지 않았다.

아세안의 한반도 문제에 관한 인식도 이런 엇박자를 가져오는데 영향을 주었다. 즉, 지역평화 문제인데 이를 강대국의 문제로 인식하고, 한반도에 관여했을 경우 생길 수 있는 곤란한 상황을 우려해 소극적 태도를 가졌다. 남북관계의 긴장은 필연적으로 남측 혹은 북측 중 하나의 상대를 선택해야 하는 문제다. 아세안의 외교, 대외정책의 전통상 이런 양자택일의 상황에서 아세안은 자신의 입장을 밝히지 않는다. 한반도 긴장국면은 그 이면에 미국과 중국이라는 변수도 있다. 아세안 국가들이 한반도 문제에 대해 입장을 밝히는 것은 간접적으로 미국과 중국 사이의 선택의 문제도 된다.

1단계: 국제 여론과 우호적 충고

평화와 번영의 한반도로 가는 길과 아세안의 역할을 조화시킬 때 두개의 서로 다른 단계를 가정할 수 있다. 첫 번째는 북한의 비핵화와 국제사회의 북한에 대한 신뢰 회복이고, 두 번째 단계는 북한의 개혁, 개방, 그리고 정상국가화다. 이 두 단계에서 아세안의 역할은 다르다. 첫 번째 단계는 비핵화가 핵심이며, 결국 이는 현재 정부의 추진방향처럼 미국, 중국 등 북한 핵문제를 둘러싼 강대국과의 관계 속에서 해결되어야 할 문제다. 그럼에도 불구하고 아세안이 이 과정에서 기여할 수 있는 바가 있다. 먼저 아세안과 유럽 등 북한 핵문제에 직접 개입하지 않는 국가 혹은 지역들은 남북간, 북미 간 대화의 지속, 비핵화로 가는 성실한 양측 노력이 지속될 수 있도록 국제적 여론과 분위기를 조성하는 데 역할을 할 수 있다. 대화와 노력이 진행되는 국면에서는 지지를 보내고 혹시라도 이 과정에 돌발변수가 생겼을 때는 대화와 노력을 다시 재개하고 지속하라는 국제적 압력을 행사할 수 있다.

보다 중요하게 아세안 국가들은 북한과 기존 관계를 활용할 수 있다. 핵개발 등으로 국제적으로 북한 이미지가 나빠지기는 했지만 여전히 북한과 아세안 국가 사이의 관계는 지속되고 있다. 더 나아가 대외적 고립 속에서 북한이 지속적으로 아세안과 교류 관계를 맺고 있다는 것은 북한이 동남아 국가들을 그나마 가장 친근한 국가들로 본다는 것을 의미한다. 동남아 국가들은 강대국도 아니며, 북한에 위협을 줄 수 있는 국가들도 아니고, 특별히 북한의 핵개발 등을 크게 비난하지 않는다. 이런 점들에 지리적 근접성이 더해져 북한은 국제사회에서 고립되는 경우 아세안 지역에서 꾸준히 돌파구를 찾으려고 노력해왔다.

북한과 아세안 국가 사이의 관계를 역으로 활용할 필요가 있다. 국제사회에서 고립된 북한 입장에서는 아세안 국가가 그나마 국제사회와 북한을 이어주는 연결 고리이며 흔하지 않은 친구가 될 수 있다. 강대국으로부터 압박을 받고 있는 북한 입장에서 강대국 관계는 늘 대결적일 수밖에 없다. 강대국은 북한의 생존을 보장하기 위한 극단적인 벼랑 끝 전술의 대상이다. 반면 아세안 국가는 이런 벼랑 끝 전술이나 북한의 모험주의적 대외관계와 전략의 대상이 되지 않는다. 북한 입장에서 아세안 국가들은 비교적 자신의 입장을 이해해줄 수 있는 세력들로 인식된다. 따라서 북한 입장에서는 강대국 관계보다 아세안 국가와의 관계가 더 중요할 수 있고 더욱 잘 만들어가야 하는 관계일 수 있다.

이런 관점에서 미국을 위시한 강대국들이 북한을 압박하는 전략과 다르게 아세안 국가들은 기존 교류 관계를 바탕으로 북한에 우호적 충고를 할 수 있는 국가들이다. 북한 역시 거의 유일한 출구이자 친구라고 할 수 있는 아세안 국가와의 관계 유지를 위해서라도 아세안 국가들의 충고를 더 들을 가능성이 높다. 뿐만 아니라 북한을 둘러싼 강대국이나 한국과 다르게 북한이 아세안의 충고를 듣고 이를 실행하는 것은 북한의 자존심을 덜 상하게 하는 길일 수도 있다. 한반도 문제를 둘러싼 강대국은 물론이고 세계 다른 지역에서도 이처럼 북한과 적절히 긴밀한 관계를 유지하면서 상당한 외교력을 가지는 동시에 북한이 자신과의 관계를 중요하게 생각하는 국가나 지역은 찾기 어렵다. 바로 이런 아세안의 독특한 위치 때문에 향후 북한의 정상국가화 과정에서 아세안의 역할이 중요할 수 있다.

2단계: 경제, 사회, 외교적 정상국가화 지원

북한이 비핵화에서 일정한 진전을 보이고 북한에 대한 경제 제재 완화 또는 해제, 그리고 북한 경제의 대외 개방이 추진된다면 이는 두 번째 단계로의 진입을 의미한다. 북한이 외부로 개방을 하고 내부적인 개혁을 하고 정상국가화를 추진한다면 아세안이 할 수 있는 역할은 더욱 확대된다. 먼저 북한의 개방은 아세안 국가들에게도 새로운 경제적 기회로 다가올 수 있다. 즉 아세안 국가, 기업들이 북한의 경제적 잠재력을 염두에 두고 무역과 투자를 확대해 개방된 북한이 제공하는 경제적 기회에 적극 참여할 수 있다. 이를 통해 아세안은 새로운 경제적 기회 확보, 성장 지속, 중진국 함정 탈출이라는 경제적 이익을 실현할 수 있다. 반면 북한은 아세안의 투자를 통해서 낙후된 경제 재건과 장기적 발전 기반 형성이라는 효과를 거둘 수 있다. 아세안과 북한, 나아가 한국 모두에게 이익이 되는 경제협력 방향이다. 아울러 아세안을 비롯한 국제사회의 대 북한 무역 및 투자 확대는 북한의 경제적 개방을 돌이킬 수 없는 것, 즉 북한의 개방을 불가역적으로 만드는 효과가 있다.

북한의 비핵화가 진전되고 경제적으로 개방되고 국제사회 속으로 들어오는 국면에서 북한 내부의 인간안보 문제도 과제가 된다. 인권, 보건 등 북한이 안고 있는 다양한 종류의 인간안보 문제 해결에서도 아세안 국가들의 독특한 위치로 인해 아세안의 특별한 역할이 있을 수 있다. 북한의 인간안보 문제 해결은 국내적 거버넌스의 개혁과 변화를 수반해야 한다. 뿐만 아니라 경제적 대외 개방을 위해서는 다양한 법적, 제도적 정비가 필요하다. 이 과정에서 북한 스스로의 개혁 뿐 아니라 외부의 적절한 조언과 도움이 있어야 한다.

여기에 다른 국가나 지역보다 아세안 국가들이 북한에 적절한 도움을 줄 수 있다. 베트남과 미얀마 같은 아세안 국가들은 이런 체제 전환과 그에 따른 거버넌스 개혁 과정을 이미 겪은 국가들로 북한에게 도움이 될 수 있는 노하우를 가지고 있을 수 있다. 1986년 도이모이(doi Moi, 1986년 베트남 공산당 제6차 대회에서 제기된 개혁·개방정책 슬로건. 쇄신을 뜻함.) 이후 베트남, 그리고 2011년 정치적 자유화 이후 미얀마는 이런 부문에서 많은 시행착오를 거듭했고, 북한이 개방과 개혁을 원할 때 무엇이 필요한지 잘 알 수 있다. 보다 거버넌스가 발달한 선진국이나 강대국보다 아세안의 주도와 조언이 북한 입장에서는 더 현실적으로 정치적 부담 없이 받아들일 수 있을 것이다.

아세안이 가장 큰 공헌을 할 수 있는 부분은 외교적인 분야다. 문재인 대통령은 지난 7월 싱가포르 순방에서 있었던 싱가포르 강연에서 “북한이 비핵화 조치를 진정성 있게 실천해 나갈 경우 아세안이 운영 중인 여러 회의체에 북한을 참여시키고 북한과의 양자 교류 협력이 강화되길 바란다”는 언급을 했다. 한국의 대통령이 한반도 및 북한 문제 관련해서 아세안 국가의 특별한 역할에 관해서 말한 몇 안 되는 사례 중 하나이다. 매우 간단한 문장이기는 하지만 북한이 비핵화 길로 들어서고 경제적으로 그리고 외교적으로 대외에 개방을 하는 단계까지 나가는데 있어서 매우 중요한 지점을 언급하고 있다. 그리고 신남방정책의 성공이 한반도의 평화와 안정에 공헌할 수 있도록 선순환적 관계를 만드는데 매우 중요한 요소를 짚어 내고 있다.

북한이 외교 무대에 나서고 국제사회와 본격적으로 교류하게 되면 이런 변화 역시 북한의 대외 개방을 불가역적으로 만드는 효과를 가질 수 있다. 이런 북한의 국제 외교 무대 데뷔에서 아세안의 역할이 중요하다. 1980년대 후반 개혁 개방을 시작한 중국이 첫 번째로 국제무대에 발을 디딘 것은 바로 아세안을 통해서다. 아직은 관계가 조심스러울 수밖에 없는 서방 국가와 본격적으로 교류하기에 앞서 지리적으로 인접한 아세안을 통해서 경험을 축적했다. 무엇보다 아세안 국가들은 지리적으로 인접해 있는 이웃이고 국제 외교무대에서 인권, 민주주의 등 문제에서 서방국가들에 비해 상대적으로 중국과 입장이 유사하다. 동남아 안에서도 베트남의 경우 도이모이 이후 가장 먼저 찾은 외교무대가 바로 아세안 가입이었고, 아세안+3 등 동아시아 차원의 다자협력 무대였다.

북한이 대외 개방을 통해 국제 외교무대로 나온다면 그 시작 역시 이 지역이 될 것이다. 북미수교, 북일수교 등이 선행된다고 하더라도 본격적으로 양자관계를 먼저 추진하는 방향은 북한이 보다 편안하게 느끼는 아세안이 될 가능성이 높다. 이미 아세안 국가들과 양자 관계를 가진 북한 입장에서는 아세안 국가와 양자관계를 더욱 심화하는 동시에 먼저 동아시아 지역 다자협력체에 진입해야 할 것이다. 이미 북한은 아세안의 적극적 노력으로 아세안안보포럼(ARF:ASEAN Regional Forum)에는 회원으로 가입되어 있는 상황이다. ARF를 넘어서 아세안+3(ASEAN+3), 동아시아정상회의(EAS: East Asia Summit), 아세안국방장관회의플러스(ADMM+:ASEAN Defense Ministers Meeting Plus)등에 순차적으로 가입하면서 활동 반경을 넓혀 갈 수 있다. 경제적으로도 아태경제협력(APEC:Asia-Pacific Economic Cooperation)에도 참여할 수 있고 지역자유무역협정인 지역포괄적 경제협정(RCEP:Regional Comprehensive Economic Partnership) 등에도 참여해야 할 것이다.

여기서 중요한 변수는 아세안의 적극적 역할과 아세안의 동의 여부다. 전자의 경우 적극적으로 나서 북한을 지역 다자협력 기구에 참여시키는 데 아세안 국가나 아세안보다 이 역할을 잘 할 수 있는 집단은 없다는 의미고, 후자의 경우는 북한이 지역 다자협력에 가입하려는 의지가 있다고 하더라도 아세안이 이를 받아들이거나 거부할 수 있는 실질적 권한이 있다는 의미다. 보다 적극적 의미에서 북한을 지역 다자협력 기구에 초청하고 참여시키는 역할은 이미 2000년 북한이 ARF에 가입할 때 증명된 바 있다. 반대의 경우는 미국의 EAS 가입이 대표적인 예다. 냉전 종식 후 아시아를 일시 떠났던 미국은 2000년대 이후로 다시 동아시아 다자협력의 무대로 돌아오기 위한 노력을 기울였다. 계속 어려움을 겪던 미국의 시도는 2011년 오바마 행정부 하에서 EAS에 가입하면서 결국 실현되었다. 이때 미국의 EAS 가입은 실질적으로 아세안이 이를 승인하면서 이루어졌다.

이런 아세안의 힘은 아세안 중심성(ASEAN Centrality)이라는 원칙과 그에 대한 강대국들의 동의로부터 나온다. 아세안 중심성의 의미는 지역의 다자협력은, 아세안이 지역에서 가장 오래되고 공고한 다자협력을 운영해온 경험을 바탕으로 아세안을 중심에 놓고 형성되며 그 운영원칙은 아세안의 방식(ASEAN Way)을 따른다는 것이다. 실제로 아세안은 ARF, ASEAN+3, EAS 등 지역 다자협력체는 물론이고 미국, 중국, 일본, 한국, 인도, 호주 등 지역 국가들과 양자관계에 있어서도 끊임없이 아세안 중심성을 강조하고 이들 국가로부터 아세안 중심성에 대한 지지를 확보한다. 나아가 양자, 다자 관계를 규정하는 문서에 이 아세안 중심성 개념을 항상 명시적으로 포함하여 지역 다자협력에서 아세안의 의미와 지위를 지속 강화해왔다.

이런 아세안을 둘러싼 지역 다자외교 무대의 동학이 의미하는 것은 아세안이 북한의 지역 다자외교 무대 등장을 촉진할 수도 있고 이를 원천적으로 어렵게 할 수도 있다는 점이다. 아세안에 대한 한국의 신남방정책은 이런 차원에서 한반도의 항구적 평화정착과 번영이라는 문재인 정부의 한반도 구상과 정책에 중요한 변수가 될 수 있다. 아세안에 대한 신남방정책이 성공적으로 진행되고 이를 통해서 한-아세안 관계가 다방면에서 더욱 심화되고 아세안이 한반도의 평화 정착과 번영 문제에 보다 큰 관심을 가지고 이해 상관자로 참여한다면 아세안을 통한 북한의 지역 다자협력 무대 진출도 그만큼 수월해질 것이다. 이렇게 북한이 지역 다자외교 무대에 보다 많이 관여할수록 북한의 대외적 개방은 더욱 더 불가역적인 현상이 될 수 있다.

4. 한국과 아세안을 둘러싼 국제관계 환경 극복: 전략적 협력의 방향과 아세안의 교훈

신남방정책을 통한 한-아세안 관계의 발전, 그리고 아세안의 한반도 문제 긍정적 관여라는 앞서의 주장들은 한국과 아세안을 둘러싼 보다 큰 환경과 무관하지 않다. 아세안과 한국 모두 미국과 중국의 경쟁이라는 전략적 환경 속에 유사한 딜레마를 겪고 있다. 더 나아가 보다 역사가 오래된 아세안은 물론이고 지역 국가들 사이 다자협력의 경험이 일천한 동북아에서도 어떻게 지역 국가들 간 경쟁과 질시를 극복하고 경제적 상호 의존에 어울리는 협력 체계를 구축할 것인가가 공통의 고민이다. 이 두 가지 보다 큰 환경의 문제와 관련해 1) 한-아세안 협력을 통한 강대국 경쟁이란 변수의 극복, 2) 아세안으로부터 동북아 국가들의 협력을 위한 교훈 도출이 필요하다.

1) 강대국 경쟁이 가져온 부정적 환경의 극복

중국의 일대일로(BRI:Belt and Road Initiative)와 미국의 인도-퍼시픽(Indo-Pacific)으로 요약되는 아시아에서 미국과 중국의 경쟁은 특히 트럼프 정부 이후 최근에는 미중 무역전쟁으로 발전하며 지역국가들의 안보, 경제적 이익을 위협하고 있다. 아세안 국가들은 개별적으로, 그리고 1967년 아세안을 만든 이후 지속적으로 미소, 미중 간 강대국 경쟁이란 환경에 노출되어 왔고 그 속에서 독특한 전략을 개발하며 생존과 이익을 모색해 왔다. 강대국 경쟁이란 환경 속에서 아세안은 1) 아세안 자율성 중시, 2) 아세안 저변에 깔린 강대국 전략적 의도에 대한 불신, 3) 강대국 경쟁에 따른 전략적 스트레스 지속에 대한 우려, 4) 헤징(hedging)과 복잡한 전략의 구사에도 불구하고 강대국의 압도적 힘 앞에 늘 긴장할 수밖에 없는 상황을 맞고 있다.

이런 아세안의 특징은 신남방정책의 추진에 시사하는 바가 크다. 동북아의 한국 역시 아세안이 마주하고 있는 것과 유사한 강대국 경쟁에 따른 전략적 스트레스를 받고 있다는 점이다. 앞서 언급한 강대국 경쟁이 아세안에 가져오는 전략적 스트레스는 거의 그대로 한반도에도 적용된다. 한국 역시 주권 국가로서 자율성이 중요하고, 안보와 경제 문제에 각각 강대국에 의존적이지만 늘 강대국의 의도에 대한 불신이 있으며, 강대국 경쟁에 따른 스트레스를 안고 있다. 이런 차원에서 아세안과 한국의 전략적 협력, 더 나아가 평화를 위한 협력은 그 어느 때보다 필요성이 높다. 아세안과 한국 사이 이런 전략적 유사점은 신남방정책 평화협력의 출발점이 된다.

먼저 신남방정책이 채택해야 할 방향성은 지역 전략에서 중국이나 미국 등 강대국과 강력한 동조화를 피하고 대신에 지역 중소국가들의 이익을 위한 전략적 네트워킹이라는 방향을 강화해야 한다. 한국은 크게 보아 미국의 인도-퍼시픽과 중국의 일대일로가 교차하는 압력 하에 놓여 있다. 앞서 아세안의 기본적인 입장이나 자율성 추구, 그리고 현재 중국의 일대일로, 미국의 인도-퍼시픽에 대한 생각을 볼 때 한국이 중국이나 미국 어느 한 방향으로 지역 전략에서 지나치게 경사되거나 특정 이니셔티브와 적극적으로 동조화되는 경향을 보인다면 아세안과의 전략적 협력은 쉽지 않을 것이다. 아세안의 전략적 딜레마는 미중 관계 속에서 한국이 느끼는 전략적 딜레마와 유사한 부분이 많다는 점을 명심해야 한다. 한국이 강대국 경쟁 속에서 전략적 딜레마를 겪고 있는 지역 중소국가와 보조를 맞추어 협력하는 방향으로 나갈 때 신남방정책은 아세안 방면에서 보다 탄력을 받을 수 있다.

이런 강대국에 대한 지역 중소국가의 전략적 네트워킹은 반드시 강대국에 비판적인 세력화를 의미하는 것은 아니다. 또한 강대국에 대한 비판, 지역 중소국가간의 연대를 명시적으로 드러낼 필요도 없다. 아세안과 한국이 힘을 합해 지역 중소국가들의 이익이 강대국 경쟁이나 전략 경쟁 속에서 희생당하지 않도록 노력한다는 정도의 입장만 있으면 충분할 것이다. 이는 미중 강대국 경쟁과 그 경쟁이 가져오는 부정적인 영향을 통제하고 최소화하기 위한 전략적 연대로 기존 아세안 개별 국가나 아세안이 강대국에 행하던 헤징 전략과도 크게 다르지 않다. 다만 보다 많은 지역 중소국가들이 공통의 보조를 취해 강대국에 대한 레버리지를 크게 하고 헤징 전략을 강화하는 방향으로 가는 것이 바람직하다.

2) 지역 다자협력체 구축에 아세안이 주는 교훈

동북아뿐만 아니라 지역 전체에 미치는 강대국 경쟁을 제외하더라도 동아시아 지역은 많은 국가 간 경쟁을 가지고 있다. 동북아 한중일 3국 사이의 경쟁이 있고 이 경쟁 구도가 지역 외 강대국과 일정한 연관을 가지고 있다. 동남아는 아세안+3 지역협력에도 불구하고 동북아의 보다 큰 국가들이 동남아에 대해 가지고 있는 의도에 대해서 우려하고 있다. 더 나아가 지역 국가들의 지금까지의 번영, 그리고 앞으로의 성장에 이웃 국가와의 협력이라는 부분이 매우 중요함에도 불구하고 이런 역내 국가 간 경쟁은 지속되고 있다. 지역 다자협력 체제를 통한 지역 평화 구축에서 가장 먼저 극복해야 할 과제는 이런 역내 국가 간 경쟁과 갈등이다. 이런 역내 국가 간 갈등 극복을 위한 교훈을 아세안의 과거 경험으로부터 찾을 수 있다.

가장 관심을 가지고 봐야 하는 점은 상호 불신과 갈등이 팽배했던 1960년대 초반·중반의 동남아 5개국이 어떻게 아세안을 형성하기로 결정하고 한자리에 모일 수 있었는가이다. 아세안을 형성하기로 합의가 되어 방콕선언Bangkok Declaration이 발표된 것은 1967년이다. 반면에 1960년대 전반부는 동남아 국가들 사이에 반목과 경쟁이 가장 심했던 시기다. 말레이시아의 싱가포르, 사바Sabah, 사라와크Sarawak 합병을 놓고 말레이시아-인도네시아-필리

핀 사이 삼각 갈등은 전쟁 직전까지 비화되었다. 태국 남부 무슬림의 분리 독립 요구로 말레이시아와 태국 사이의 갈등도 심했다. 반면 싱가포르라는 작은 섬 국가는 주변의 보다 큰 국가의 갈등 사이에 끼어 생존의 문제를 걱정하고 있었다. 1960년대 중반까지 이런 역내 갈등을 가졌던 국가들이 어떻게 1967년 전격적으로 아세안을 형성했을까?

이 의문을 푸는 열쇠는 아세안의 방식(ASEAN Way)이라고 하는 아세안 특유의 운영방식과 아세안 5(ASEAN Five)국가들이 당시에 공통으로 경험하고 있었던 위기의식에 있다. 아세안5 국가들은 그들 사이의 반목에도 불구하고 공통으로 가지고 있던 위기의식 혹은 외부의 적이 있었다. 이를 열거하면 국내, 역내, 그리고 역외 차원의 세 가지로 구분할 수 있다. 우선 국내 차원에서 아세안 5 국가들은 모두 내적으로 정통성의 위기를 경험하고 있었고, 경제적으로 그리고 정치적으로 불안정에 시달렸다. 경제적 어려움과 소수민족들의 분리 독립이 그 원인이었다. 국가통합을 위한 강압적 권위주의 통치는 내·외적 비판에 시달렸고, 대외적으로 정통성을 주장하기 힘든 상황이었다. 정통성 문제 역시 아세안을 통해서 서로 인정해주는 방식으로 외부에서 제기하는 정통성에 대한 의문을 회피하려 했다.

역내 차원에서는 개별 국가의 경제성장, 내치 안정을 위한 국가 간의 협력이 필수적이었다. 신생 독립국이고 경제적으로 어려웠던 동남아 국가들이 이웃 국가들과 갈등 관계에 있는 것은 결코 개별 국가들의 발전에 도움이 되지 못했다. 더 나아가 개별 국가의 분리 독립 움직임을 차단하기 위해서도 이웃 국가와 관계 개선이 필요했다. 예를 들어 태국 남부 무슬림의 분리 독립 움직임을 잠재우기 위해서는 말레이시아 정부의 협조가 필수적이었다. 더 나아가 역외의 원조나 투자를 받기 위해서 역내 환경, 특히 국가 간 관계의 안정을 통해서 안정된 정치 환경 조성이 필수적이었다. 이런 목적을 위해서 주변국과의 관계 개선이 필요했다.

마지막으로 대외적인 차원에서 이 국가들이 공유하고 있던 가장 중요한 과제는 주변 강대국으로부터 자율성 확보였다. 일차적으로 재식민지화의 위험을 방지하고 더 나아가 강대국의 영향으로부터 자유로운 공간을 확보하는 것이 이들 국가의 대외정책에서 가장 중요한 과제였다. 여기에 추가로 역내, 그리고 역외로부터 제기되는 공산주의 위협에 공동으로 대처해야 한다는 위기의식이 존재했다. 결국 그들 사이의 불편한 관계에도 불구하고 이를 다소 뒤로 미루고 주변국과 협력을 해야만 하는 공유된 그리고 충분한 내적, 외적 위기 및 위협이 있었던 것이다.

이런 공통의 위기의식이 환경을 제공했다면 아세안의 방식은 이들 국가들이 한 자리에 앉아서 대화를 하고, 협력을 지속하는 과정에서 신뢰를 쌓게 하는 결정적인 이유가 되었다. 흔히 아세안의 방식은 협의와 합의, 그리고 내정불간섭과 주권존중으로 요약된다. 이런 질서는 아세안 5개국이 자신의 주권은 최대한으로 보장받고 자신의 이익에 대한 희생을 최소한으로 하면서 협력의 창구를 지속적으로 유지하게 하는 결정적인 동력이었다.

아세안 안에서 어떤 작은 국가라도 협의와 합의라는 원칙을 통해 사실상 거부권을 부여받았다. 내정불간섭-주권존중이라는 원칙은 권위주의, 인권 문제 등 다양한 문제에도 불구하고 서로 국내문제에 대해서는 간섭하지 않기로 한 원칙으로 아세안 국가들, 정상들이 이런 부분에 대한 두려움 없이 한 자리에 앉게 하는 데 공헌했다. 무엇보다 유럽연합이나 다른 지역의 법적-제도적으로 보다 강한 기반 위에 놓인 지역협력과 달리 아세안 국가들은 아세안의 방식 때문에 지역협력에 참여하는 것에 큰 두려움 없이, 큰 부담 없이 지속적으로 참여할 수 있었다. 이렇게 자신의 이익 침해에 대한 우려 없이 지속적으로 회의에 참여하는 가운데 국가들 간에 서로에 대해 더 잘 이해하게 되는 사회화(socialization)가 진행되고 이 속에서 신뢰가 생겨날 수 있었다.

여기서 동북아 국가들, 더 나아가 동아시아 국가들이 얻을 수 있는 교훈은 국가 간 경쟁과 갈등을 넘어 협력을 만들어 내는 것은 자연스러운 과정이 아니며 인위적인 노력이 필요하다는 점이다.

더 나아가 국가 간 협력을 지속시킬 수 있는 질서도 필요하다. 국제관계 속의 국가들은 자발적으로 협력하지 않는다. 동북아의 국가들, 동아시아의 국가들 역시 충분히 공유된 위기의식, 즉 협력을 하지 않으면 큰 위기나 위협을 겪을 수 있다는 인식이 있어야 비로소 협력의 장으로 나온다는 점이다. 아울러 아세안의 방식과 같이 개별 국가의 이익에 민감한 이기적 국가들이 대화의 장으로 나오고 지속적으로 이를 유지하기 위해서는 특수한 장치 혹은 질서들이 필요하다.

5. 결론

아세안과 인도에 대한 문재인 정부의 신남방정책이 경제 위주이고 한반도 문제와는 별 상관이 없다는 인식이 널리 퍼져 있다. 그러나 이런 인식은 신남방정책을 위해서도, 한반도 평화를 위해서도 바람직하지 않다. 한국 입장에서 신남방정책이 한반도의 평화와 번영에 도움이 될 때 보다 더 신남방정책에 힘을 쏟을 수 있다. 반대로 한반도의 평화와 번영 건설에 아세안이 할 수 있는 역할이 크다는 점을 감안할 때 신남방정책의 효과적 수행을 통해 아세안을 보다 한반도에 관여시켜야 한다. 신남방정책과 한반도 평화와 번영은 별개의 문제가 아니라 긴밀히 연결된 하나의 사안이 될 수 있다.

북한의 비핵화 단계에서도 아세안이 할 수 있는 역할이 있지만, 아세안이 한반도 평화와 번영에 큰 역할을 할 수 있는 것은 비핵화가 상당히 진전된 이후의 일이다. 그렇다고 해서 비핵화 이전에 한반도 문제와 관련해서 아세안에 무관심할 수는 없다. 2단계 아세안의 역할을 위해서라도 지금부터 꾸준히 한반도 상황 변화와 한국의 정책을 알려 아세안이 지속적인 관심을 유지하도록 할 필요가 있다. 무엇보다 중요한 것은 한반도 문제를 위해서 아세안을 일방적으로 활용할 것이 아니라 그 반대급부로 우리가 아세안 지역의 평화와 안정, 번영을 위해서 무엇을 할 수 있는지에 대한 고민이다.

강대국 경쟁과 지역 국가 간 경쟁 및 갈등으로 점철된 이 지역에서 평화를 위한 다자협력을 하루아침에 만들어 내는 것은 지난한 일이다. 그럼에도 불구하고 이는 필요한 과제다. 국가들 사이 협력은 저절로 일어나지 않는다. 아세안의 경험을 봐도 아세안을 구성한 국가들 사이 공통의 위기의식과 위협이 지금의 동아시아 국가들보다 심각한 역내 갈등을 겪던 아세안 국가들을 한자리에 앉을 수 있게 했다. 유럽연합의 경우도 2차 세계 대전의 경험이 공통의 위기의식으로 작용했다. 동아시아의 경우도 경제성장으로 자신감이 극대화 된 국가들 사이에 역으로 공통의 위기의식이 필요하다. 지역 내 강대국 간 경쟁이 필연적으로 지역 내 중소 국가들에게 가져올 부정적인 영향에 대한 공통의 우려와 이에 대한 공통의 대응도 지역 내 다자협력을 가져올 수 있는 중요한 요소로 작용할 수 있다. 이런 차원에서 아세안의 과거 경험으로부터 동북아는 물론이고 동아시아 전체가 지역협력으로 나가는 과정에서 배울 교훈이 있다.

8 유라톰을 선례로 본 동아시아에서 지역협력 가능성

조은정 국가안보전략연구원 부연구위원

유라톰을 선례로 본 동아시아에서 지역협력 가능성

1. 서론

1945년 핵폭탄의 급작스러운 등장과 함께 핵을 어떻게 통제할 것인가에 대한 활발한 논의도 미국과 2차 대전 승전국들을 중심으로 국제 사회에서 진행되었다. 당시 유일한 핵무기 보유국이었던 미국이 국내 핵에 관한 법안 마련을 서두르고 이를 국제사회에 전파하려 함으로써 국제 핵질서 형성에 주도적인 역할을 하였는데, 오늘날까지 고수하고 있는 미국 핵 정책의 뼈대가 이 시기에 마련되었다. 대표적으로 '통제 없이는 개발도 없다'는 원칙인데, 이는 오늘날까지 유효하다. 그러나 이는 유일한 핵무기 보유 국가였던 미국이 자신의 핵 독점권을 공고히 하기 위해 나머지 국가들의 핵 기술에 대한 접근을 막는 것으로 이해되어 국제 사회의 큰 반발을 샀다.

표류하던 국제 핵규범은 1949년 소련이 핵실험 성공을 공표하고 뒤이어 1951년 영국이 뒤따르고 많은 유럽 국가들이 평화적인 원자력 사용을 위한 공동 연구 개발에 박차를 가하면서 미국의 독선적이었던 핵 정책에 외형적으로 변화가 생겼다. 1953년 12월 아이젠하워는 '평화를 위한 핵'선언에서 군사적 용도와 평화적 용도를 구분하고 후자의 사용을 인류의 복지를 위해 쓰는 데 기꺼이 돕겠다고 공언했다. 그러나 결과적으로 원자력 협력을 통해 미국의 핵규범이 전 세계 동맹국들에 전파되었고 이는 미국이 절대적인 핵 우위를 잃은 상황에서 세계 핵 거버넌스를 주도하는 발판을 마련하였다. 미국과 맺은 원자력 협력을 위한 양자협정은 동맹국들에 미국식 원자력 산업 표준과 운영 및 안전관리 법규가 뿌리 내릴 수 있는 계기가 되었다. 이로써 미국은 동맹국이 원하는 대로 원자력 협력에 응하면서 동맹을 강화하고 동시에 미국이 국제적 핵 통제력을 강화하는 1석 2조의 효과를 노릴 수 있었다. 실제로 이는 유라톰(EURATOM:European Atomic Energy Community)이라는 독립적인 지역 핵 협력체를 구상하게 되는 계기를 마련하였다.

2. 유럽 지역주의의 맥락에서 본 유라톰

1958년에 유럽경제공동체(EEC:European Economic Community)와 함께 발족된 유라톰의 의미는 냉전, 유럽통합, 핵이라는 세 가지의 교차점에서 생겨났다는 데서 찾을 수 있다. 원자력은 기본적으로 큰 규모의 자원을 동원해야 하는 사안으로 전후 유럽의 어느 국가도 단독으로 개발을 실행에 옮기기 어려운 상황이었다. 그렇다고 핵처럼 민감한 사안을 불과 얼마 전까지도 교전국이었던 이웃 국가들과 공동 개발한다는 것은 당시로서는 상상할 수 없었다. 그럼에도 불구하고 시대적으로 유럽의 쇠퇴와 미국이라는 새로운 강자의 부상은 유럽 국가들이 석탄과 철강 다음으로 공동으로 개발하고 협력해야 할 새로운 아젠다로 핵을 주목하고 자발적으로 원자력 협력에 나서도록 하였다.

이처럼 민감한 사안에서의 협력이 70년 전 서유럽에서 가능했던 것은 초국가적 지역 통합의 필요성을 초기 6개국 지도자들이 공유했기 때문이다. 1951년에 유럽석탄철강공동체(ECSC:European Coal and Steel Community)가 성공하자 1953년 유럽방위공동체(European Defence Community) 건설로 통합논의가 급진전되었다. 그러나 프랑스 의회의 반대로 유럽군대 창설에는 이르지 못하자, 유럽통합의 아버지라고 일컬어지는 장 모네는 그해 12월의 회합에서 '유럽통합의 모멘텀을 어떻게 유지해 나갈 것인가?' 를 고민하였고 참석자들이 다음 세기의 석탄철강으로 핵을 주목하였다. 이것이 ECSC를 모델로 해서 핵을 유럽지역통합의 동력으로 삼는 아이디어로 구체화되었던 것이다. 기본적으로 유라톰은 당시 유럽이 공유했던 위기의식에서 나온 역발상이었던 것이다.

3. 유럽의 한계와 유라톰의 규범 정치적 의의

유라톰은 미국이 주도하는 핵규범에 대해 '최초의 의미 있는 대항적 핵규범의 등장과 성장'이라는 의미를 갖고 있다. 유라톰 설립에 이르기까지 두 가지 문제를 먼저 짚고 넘어가고자 한다. 먼저 대외적 측면에서의 장애요인이다. 대외적인 문제라는 것은 유라톰 국가들과 미국이 맺은 동맹이 경쟁적, 비대칭적, 수직적인 성격을 갖고 있던 상황에서 이러한 문제를 어떻게 극복해 나갔는지의 문제이다. 기울어진 운동장이라는 표현이 있는데, 당시 핵문제와 관련해서 미국과 유라톰 국가들이 바로 그런 관계였다. 유럽 국가들에게 우라늄이 있었던 것도 아니고, 돈도 기술도 인력도 없는 상황이었다. 그 때 맨해튼 프로젝트로 유럽에 있던 모든 과학자들이 미국으로 건너간 상태였고, 물론 자본도 없었다. 그러나 당시 유럽의 정치 엘리트들은 보다 긴 안목에서 현재를 직시하고 미래를 설계하는 사람들이었다. 정치적 성향이 진보주의자든지 보수주의자든지, 아니면 제국주의자였던 간에 '유럽의 아버지'들은 공통적으로 유럽의 번영과 영구적 평화 정착이라는 공동의 목적을 달성하기 위해 불가능한 일에 집착하기보다는 가능한 일에 집중했다. 그들이 핵물질(nuclear materials) 대신 핵규범(nuclear norms) 개발에 주력한 것은 결코 우연이 아니다. 미국과 경쟁관계에 있다고 해서 유럽 국가들이 당장 소련처럼 핵을 만들 수는 없는 일이었다. 미국과의 동맹을 유지하면서 그 테두리 안에서 허용되는 범위가 어디까지인지 확인하고, 그 안에서 상대적 약자인 유럽 국가들이 실제로 할 수 있는 것을 찾아보자는 태도를 취했던 것이다. 그 결과 유라톰 6개국은 미국의 규범보다 더 앞선 규범(advanced norms)을 만듦으로써 미국이 거부할 수 없도록 하는 영리한 전략을 구사하였다.

4. 구체적 이익 추구의 방법: '동의-심화' 전술 (Agree-and-Deepen Policy)

유라톰 6개국이 취한 위와 같은 전략을 동의-심화전략이라고 명명할 수 있다. 핵심은 유라톰 6개국이 미국의 핵 비확산 규범에 동의하되, 더욱 심화된 규범을 역으로 제안함으로써 규범의 주도권을 쥐게 되었다는 데 있다. 상세 내용은 다음과 같다.

(1) '동의(agreement/assimilation)'의 단계

유라톰 6개국은 55년과 57년 사이에 개별적으로 맺은 미국과의 양자 관계에서 미국적 통제 시스템을 수용하였고, 이는 동시에 진행되던 유라톰 조약 구성에도 반영되었다. 유라톰에 반영된 미국 핵 규범의 주요 특징들은 다음과 같다. 미국 원자력 정책의 뿌리가 되는 원자력에너지법(US Atomic Energy Act) 1946/1954 의 원자력 통제 관리의 측면에서 가장 두드러진 특징은 연방정부의 일원화된(central) 종합 통제(total control)시스템이다. 미국의 원자력 정책은 원자력 연구와 생산 그리고 폐기물 처리 등 전체 주기와 단계별 모든 활동에 대하여 통제 관리하는 것을 목표로 삼는다. 이에 따라, 중앙 통제 기구의 방사능 물질과 원자력 설비 시설 등의 독점 및 소유권이 자연스럽게 부여된다.

이러한 특징은 냉전시기 미국의 동맹국들 중 원자력산업 후발국들의 통제 시스템 구축에 큰 영향을 미쳤으며 유사성을 쉽게 발견할 수 있다. 특히 유라톰 멤버 국가들의 원자력 규정과 유라톰 조약에서도 이러한 특징들이 공통적으로 나타난다. 이러한 유사성 때문에 아이젠하워 정부의 일각에서는 유라톰은 '쓸 데 없는 복제품'이라고 평가절하하기도 했지만, 아이젠하워는 도리어 이 같은 유사성 때문에 유라톰이 IAEA의 일종의 유럽 지역 기구로 유용성이 있을 것이라고도 생각했다. 사실, 영미 주도의 유럽 지역 기구로 ENEA(유럽원자력기구)의 발족을 눈앞에 둔 시점에서 더욱 반대를 할 수도 있었지만, 아이젠하워는 IAEA와 ENEA의 닮은꼴인 유라톰에서 정치적 실험을 지켜보고 싶어했다. 이처럼 유라톰은 선점된 미국의 원자력 통제 시스템을 자발적으로 수용함으로써 예민한 부문에 있어서 향후 협력의 턱을 낮출 수 있는 계기를 마련하였다.

(2) '심화(differentiation/deepening)'의 단계

전 단계에서 구축한 시스템적 유사성이 유라톰이 미국과의 관계에서 보다 독립적인 핵 거버넌스, 나아가 경쟁을 가능하게 하는 바탕으로 활용되었다. 유라톰 고유의 정체성이 드러나면서, 미국과 필연적으로 간극이 벌어지는데 이것이 큰 정치적 마찰을 빚지 않고 그 '다름'을 미국이 받아들이게 된 것은 미국이 납득할 만한 정당한 요구로 이해되었기 때문이다. 그 정당성은 다름 아닌 유라톰의 고유성으로부터 나왔다. 첫째, 유라톰은 '유럽 통합'이라는 거대 역사 담론으로부터 초국가성(supranationality)을 내재하고 있었다. 둘째, 또한 초기 유럽통합 아버지들의 기능주의적(functionalist) 접근 방식에 의해 하위정치(low politics)의 부문별 협력(sectoral cooperation)으로부터 상위정치(high politics) 의제를 점진적으로 추구하면서 공동 시장(common market) 구축에 열을 쏟고 있었다. 이 같은 '다름'은 미국으로부터 수입한 원자력 거버넌스의 시스템을 심화 발전시킬 수 있는 기회를 제공하였다. 가령, 미국에서 도입된 단일 국가 기관에 의한 현장 사찰(on-site inspection)은 단일 주권국가에서는 충분히 가능한 일이다. 그러나 이처럼 예민한 영역에서 초국가적 권위체에 의한 자국의 핵 시설 현장 사찰을 허용할 수 있을 것인지 당시로서는 상상하기 어려웠다. 그러나 이 같은 근대국가적 패러다임을 벗어나 미국이 제안한 현장 사찰을 국경너머로까지 확장시킬 수 있었던 것은 바로 유라톰이 초국가적 지역 통합이라는 노정 위에 있었던 덕분이었다.

주목할 또 다른 중요한 고유성으로 핵의 시장화 (marketisation of atoms), 핵의 정상화(normalisation of atoms) 노력을 꼽을 수 있다. 당시 미국에서는 매카시즘과 소련 스파이 찾기로 혈안이 되어 냉전 시기 패권 싸움에서 승기를 잡을 결정적 도구라고 생각했기 때문에 핵이든 원자력이든 그 관련 기술과 물질이 국가 기밀로 간주되었던 시절이었다. 이처럼 엄중한 시대상에 역행하여 유라톰 국가들은 원자력의 공동 연구, 생산 및 소비라는 목적 아래 원자력 에너지 공동 시장을 창출하였다. 이러한 역발상은 앞서 석탄과 철강 부문에서 실행에 옮겨 성공에 이른 자신감과 유라톰과 함께 발족한 유럽경제공동체로부터 경계 없는 유럽의 물적, 인적교류가 제도적으로 뒷받침되었기 때문에 가능한 것이었다.

(3) '합(synthesisation)'의 단계: 핵의 재규정(re-identification of atoms)

유라톰은 핵을 시장 논리로 풀고 그 안전을 담보할 법규와 제도는 초국가적 기제를 도입함으로써 기존에 존재하던 핵을 이해하는 데 새로운 패러다임을 제시했다. 아이러니하게도 핵을 비안보화, 비정치화하면서, 지역공동의 핵 안보와 정치적 목적을 달성할 수 있었다. 즉, 전통적 안보개념으로는 이해할 수 없는 방법으로 안보를 실현했던 것이다. 즉, 핵무기 보유 경쟁이 아니라, 핵의 담론을 적극적으로 새롭게 구성함으로써 안보를 추구했다는 점에서 새로운 형태의 안보 공동체 모델을 제시했다고도 볼 수 있다.

핵규범 발전의 측면에서 보자면, 유라톰은 미국의 핵규범 선점에 이어 수용하면서도, 그들이 놓여 있는 특수한 역사적 발전 노정에서 더욱 심화 발전시키는 방식으로 자기화하였고, 이러한 노력들은 미국의 핵규범 원형보다 진화한 형태로 다시 수출되어 IAEA나 여타 지역에서 수용하면서 유라톰식 핵규범이 확산되었다. 이 과정에서 미국과 유라톰의 관계는 단순히 비대칭적 힘의 불균형에서 유라톰이 동맹 미국과 정치적 마찰을 최소화하고 회원국들의 핵자주권(nuclear autonomy)을 확대할 수 있었고, 이는 의도했든 아니든, 자연스럽게 핵규범 발전에 일익을 담당했다.

5. 이론적 함의

전통적 현실주의자들에 따르면 '강자는 할 수 있는 일을 하고, 약자는 해야 하는 일을 한다'라고 국제관계가 규정된다. 이에 따르면, 강자와 달리 약자는 할 수 있는 일이 없다. 그러나 보다 적극적으로 자신의 이익을 수호하기 위해서는 각자의 위치에서 할 수 있는 일이 서로 다를 뿐, 약자 스스로가 수동적인 위치에 있는 것만은 아니라는 점을 견지하고 전략을 구상할 필요가 있다. 뿐만 아니라, 해야 하는 일(what we *should* do)이 아니라 할 수 있는 일(what we *can* do)에 집중하는 것이 약자의 입장에서 닥친 과제를 해결하는 데 더 현실적인(pragmatic) 접근이라 할 수 있다. 유라톰 설립 당시 유라톰 6개국이 동맹국이자 신흥 패권국인 미국의 반대에도 불구하고 유라톰 설립을 관철시키기 위해 취한 방법들 중 주목할 점 한 가지는 바로 해야 하는 일이 아니라 할 수 있는 일로 비물질적 정치적 자산 개발에 집중했다는 사실이다.

규범주기모델 연구자들에 의하면, 규범이 일어나고(emerge), 성숙하여(cascade) 어느 시점에 다다르면(tipping point), 공동체/사회 구성원들에 내재화되어 더 이상 '왜?'라는 질문을 던지지 않고 타당한 가치로 당연하게 받아들이게 된다. 이들의 연구는 규범의 발전과정을 설명하는 데 있어 선명한 경로를 제시하고 이후 규범 연구에 활력을 불어넣었음에도 불구하고, 국제 규범의 발전과 연구가 진행되어 가면서 한계를 드러내었다.

첫째, 대항 규범(counter-norms)이 일어나고 성장하면서 일어날 원 규범과의 상호작용의 가능성을 고려하지 않았다. 둘째, 규범의 발전과정이 마치 아무런 갈등이나 마찰 없이 자동적으로 이행되는 것처럼 설명하고 있다. 구체적으로, 규범의 활동을 설명하면서 규범의 작동 주체(agents who play with norms)를 생략함으로써 규범 발전과정에 있어 많은 정치적 함의를 간과하는 결과를 낳았다. 셋째, 이처럼 주체를 생략한 객체의 지나친 강조는 규범의 신비화, 이상화를 부르고 국제정치학의 다른 중요한 요소들(예컨대 interest, power)과 괴리되는 결과를 낳았다. 다시 말해, 규범을 탈정치화(politics-free)하면서 규범이 형성되는 과정에서의 정치적(politics of norms) 가능성을 닫아버리는 오류를 범했다. 그 결과, 국제정치학에서 규범 연구는 should/should-not으로 환원되는 질문으로 연구범위가 국한되었다.

결국, 주류 규범 발전과정 연구들은 물질적 자산이 풍족한 강대국만이 규범을 개발 성장시킬 수 있다는 편협한 사고방식에서 벗어나지 못했음을 스스로 드러냈다. 이러한 한계로 기존 규범이론들이 소위 '미들파워' 혹은 '규범 권력'이라고 지칭되는 중소국들이 기존의 규범을 개선 발전시키는 데 주력해온 이들의 외교행보를 설명하기 어려워졌다. 이점을 보완하려면 기존의 규범발전 모델에서 대항규범의 기존 규범에 대한 도전과 이로써 발생되는 규범간 갈등과 경쟁관계, 그 결과 발생하는 생산적인 '합(synthesisation)'의 도출 가능성에 대한 고려를 포함해야 할 것이다.

6. 결론과 시사점

국제정치에서 힘(power)이라는 것은 전통적으로 현실주의자들이나 물질론자들이 생각해 온 것처럼 물질적인 것만은 아니다. 나아가 힘이라는 것은 늘 승자독식으로 귀결되는 것은 아니며 나눠질 수도 있다. 유럽의 지역통합 과정에서 힘을 나누고 주권을 내놓았지만, 유라톰과 EEC의 성립을 통해서 개별국가의 주권보다 더 큰 유럽주권이라는 것을 얻었다. 특히 유라톰의 경우 미국과의 예민한 관계, 힘의 균형상 불리한 관계 속에서도 유럽 국가들이 원하는 바를 달성할 수 있었다. 유라톰에 주목하는 이유가 여기에 있다.

한 체제의 중심 국가에게 힘이 집중되어 변방의 행위자가 약자로서 힘이 없다고 생각하는 것은 그 말에 얽매어 있기 때문이다. 그래서 말 자체를 바꿀 필요가 있다. 그래서 우리말로 변경 또는 주변이라고 번역되는 말이지만 margins라는 말을 그대로 영어로 쓰고자 한다. 과연 변경에 있는 세력이 약자(powerless)였던가 생각해 보자. 동북아 역사를 돌이켜 보건데, 야만이라고 불렸던 변경의 민족들이 과연 힘이 없었다(powerless)고 할 수 있는가. 변방의 오랑캐라고 불렸던 여진족이 금이 되고 금나라가 청나라가 된 것은 불과 3세기 전에 지나지 않았으며, 해적에 지나지 않았던 왜구가 일본 제국으로 부상한 것은 한 세기 전에 불과하다.

동북아시아에 근대가 이식되는 과정에서 만국공법 체제라고 우리가 명명하여 일방적으로 수용해서 적응하고 있는 이른바 주권국가간의 국제법 체제라는 것도 그렇게 볼 필요가 있다. 힘이 규정되는 방식을 바꾸는 상상을 해 볼 필요가 있다. 주권국가 체제를 기본으로 하고 동맹으로 짜인 현행 체제의 저편을 바라보며, 우리에게 던져진 질문에 다른 풀이를 제안해 보고 싶다. 1958년도 유럽과 동북아는 같은 출발점에 있었다. 미국은 유럽에서나 동북아에서나 똑같이 양자 원자력 협력을 원했다. 그런데 유럽에서는 유라톰이라는 형식으로, 양자협정을 넘어선 체제가 만들어진 반면, 동북아에서는 미국이 원하는 대로 양자주의가 고착화 되었다. 그 결과 유럽에서는 미국과 비교적 대등하게 협상 테이블에 앉을 유라톰이라는 공동의 이익 증진을 위한 다자적 지역질서가 만들어지는 동안, 동아시아에는 미국을 중심으로 무수한 비대칭적 양자관계로 이루어진 다분히 패권 의존적 지역질서를 살고 있다.

마지막으로 한 가지 더 생각할 문제는 내부 동학의 문제이다.

유라톰에서는 탑다운 형식으로 효율적으로 진행된 측면이 있다. 그러나 동아시아에서는 오히려 바텀업(bottom up) 방식, 즉 동아시아의 시민사회가 컨센서스 빌딩을 시도하고, 이를 각국의 엘리트들이 수용하도록 추동하는 방식이 더 적합하다고 생각된다. 동시에 이러한 과정은 미국에 대항할만한 논리적 기제를 만들어내는 데에서도 유용할 것으로 생각된다. 우리가 살고 있는 시대가 SNS의 시대, IT혁명의 시대라는 점을 고려할 때, 동아시아인들이 SNS를 활용하여 온라인 공간에서 이러한 컨센서스를 만들어가는 것이 변화의 정당성을 획득하기에 보다 효과적이리라 생각된다.

마치며

남기정 서울대학교 일본연구소 교수

과제와 제언

1. 쟁점과 과제

동아시아 신안보질서와 관련한 평화재단의 세미나에서는 토론을 통해 인식과 전망을 공유하는 과정을 거쳤으나, 몇 가지 쟁점과 관련해서 통일된 의견이나, 구체적 전망을 갖지 못하고 숙제로 남겨둘 수밖에 없었다.

쟁점 1 가장 크게, 가장 자주 논의된 것이 중국의 종전선언 참가 여부에 대한 찬반이었다. 중국은 이미 미국 및 한국과 국교정상화를 이룬 상태다. 따라서 한반도 정전협정의 당사자이면서도 사실상의 종전선언과 평화체제 구축을 달성한 상태라고 할 수 있다. 다만 명목상으로 정전협정의 주체로서 종전선언과 평화협정의 주체가 될 수 있다고 인식하고 있으며, 이로부터 배제하려는 움직임에 민감하게 반응하고 있다. 즉 실질적인 문제와 명목상의 문제가 명백히 구분되지 않는 문제가 있다. 이에 대해서는 중국의 종전선언 참가로 프로세스가 지연될 것을 우려하여 신중하게 생각해야 한다는 입장과, 중국의 한반도 정책이 적극적인 방향으로 변화하고 있다는 것을 고려하여 적극적으로 받아들여야 한다는 입장이 대립했다. 논쟁을 통해 한반도 평화협정 안에 동북아 안보협력체 구축에 관한 규정을 처음부터 포함시키는 것이 하나의 방안으로 부상했다. 즉 남북미가 평화협정을 체결하고 이를 러중일이 보장하는 구도다.

쟁점 2 중국이 추진하는 일대일로에 대해서는 이를 미국의 압력에 맞선 중국의 적극적인 대처로 보고 미중 간 패권경쟁이 상수화할 것이라고 보는 입장과 이를 미국과의 정면대결을 회피하는 서진정책으로 보고, 미중 간의 협력적 질서 구축이 가능할 것이라는 시각 차이가 노정되었다. 다만 그 어느 쪽으로도 전개가 가능한 상황에서 한반도가 스스로 미중 간 패권경쟁의 구실이 되지 않도록 한반도 평화프로세스를 가속화할 필요성에 대해서는 인식을 공유할 수 있었다.

쟁점 3 신안보질서와 동아시아 경제공동체 형성의 관계에 대해서 논

쟁이 있었다. 질문은 다음과 같은 것이었다. 신안보질서가 형성되는 것을 배경으로 남북경협이 활성화되고 이를 토대로 동아시아 경제공동체가 형성되는 것인가, 아니면 남북경협 활성화로 동아시아 경제공동체의 추진력을 만들고 이를 배경으로 신안보질서를 형성하는 것인가? 우리는 이에 대해서도 새로운 사고가 필요하다는 데 인식을 같이 할 수 있었다. 안보와 경제를 따로 보기 때문에 순서를 확인하려고 하는 것이라는 점에 주의를 기울일 필요가 있다. 안보가 경제이고 경제가 안보라면 그 두 가지가 서로 겹쳐 있는 것이다. 따라서 남북경협을 추진하면서 동아시아 경제공동체를 구축하는 노력을 동시에 기울이는 것 그 자체가 신안보질서 형성이라고 할 수 있다. 그럼에도 사실 북한 스스로가 안보와 경제를 분리하고 있는 것이 난점이 되고 있다. 즉 북한이 안보로 경제를 사려고 하는 것이 문제일 수 있다는 것이다. 그러나 경제로 안보를 산다는 생각으로 북한 지도부의 인식이 바뀔 필요가 있고, 이 점에서 우리가 할 수 있는 역할이 있다. 이때 북한을 신안보질서 안으로 끌어들이는 것이 중요하다. 신안보질서가 북한에 '대한' 안보질서여서는 안 되는 또 다른 이유가 여기에 있다.

쟁점 4 일본을 동반자로 삼아 신안보질서를 구상하고 구축해 나가는 데 걸림돌이 되는 것은 역시 역사문제였다. 그러나 이와 관련해서는

1998년 김대중–오부치 공동선언에 대한 일반의 이해가 조금 더 확산되기를 바란다. 일본에게 독일처럼 되라고 요구할 때, 우리는 프랑스가 되어야 한다. 또한 일본을 이끌고 있는 주류가 누구인가의 문제에 대해서도 깊은 천착이 필요하다. 일본이 보통국가화하고 있다면 이 변화를 이끌고 있는 사람들은 누구인가? 과거 역사 문제에서 진보적이던 이른바 일본의 양심세력, 일본의 자유주의자들(리버럴)은 어디로 갔는가? 일본을 동반자로 삼아 동아시아에서 신안보질서를 구축하려고 할 때, 이러한 문제들에 대해 정밀한 이해와 해답이 요구된다.

쟁점 5 집단안보와 협력안보의 관계가 문제가 되었다. 나토와 유럽안보협력회의(CSCE)의 차이는 대결적인 협력과 협력적인 안보의 차이인 바, 우리가 협력안보로 나갈 때, 한미동맹의 약화를 우려하는 국내세력이 걸림돌이 될 수 있다. 이에 대해서는 미국도 우려하고 그래서 협력안보에 반대할 수 있다. 유럽에서도 헬싱키 프로세스가 진행되어 나토가 해체될 것을 경계했던 것이 미국이었다. 한반도에서도 긴장완화 문제가 완전히 해결되지 않는 한 한미동맹이 해체되기는 어려울 것이다. 한미동맹과 동북아 평화공동체는 적어도 어느 시기까지는 중첩적 중복적으로 가게 될 것이라는 것이 대체로 세미나에 참가했던 사람들의 공통의 인식이었다. 그러나 동맹의 재조정이 시작된 마당에 주한미군의 전면 철수까지도 생각하고 한미관계가 민주주의 국가 사이의 정치동맹으로 남는 선택지도 배제할 필요가 없다는 의견도 제기되었다.

쟁점 6 동북아 비핵무기지대와 관련해서 여러 쟁점이 제기되었다. 특히 동남아시아 국가들이 비핵무기지대조약을 체결하고 있어서, 아세안이 한반도 비핵화와 동북아 비핵무기지대화를 추동하는 역할을 할 수 있다는 의견이 있었다. 다만 한반도 비핵화에 아세안까지 관여하게 되는 구도가 비핵화 절차를 복잡하게 하는 결과가 될 수도 있어서 과연 유리한지도 함께 고민해 봐야 한다는 의견도 개진되었다.

쟁점 7 유럽의 경험을 받아들여 북한 핵 문제를 동북아시아의 원자력 안전 문제로 전환시켜 협력 구도를 만들어 나가는 데 대해서도 긍정적 부정적 측면이 공존한다는 점을 인식할 필요가 있다. 다만 북한 비핵화에서 중요한 문제가 인력 문제라고 할 때, 이 문제를 풀어가는 측면에서는 유라톰 방식의 협력체 구축이 매우 유용한 틀임에 틀림없다. 북한에서 핵 관련 시설에서 일하는 사람들을 원자력발전으로 돌리고, 이를 유지하는 인력으로 전환시키는 방법을 고민해 볼 필요가 있다.

2. 10대 제언

마지막으로 8개의 세미나 발제에서 제기된 여러 제언들 가운데 핵심적인 것을 추려서 10대 제언으로 정리하여 제시하면 다음과 같다.

제언 1 우리정부는 한국이 한반도 비핵화와 평화체제 구축의 핵심 당사자이며 통일을 목표로 지속가능한 남북관계 형성이라는 과제에 직면해 있다는 점을 자각하고 능동적인 '코리아 이니셔티브'를 발휘해야 할 것이다.

제언 2 우리정부는 한반도 평화지대화 달성과 역내 비핵 안보레짐 구축을 동시에 실현해 나가면서, 새로운 국가발전 전략을 수립하여 지속가능하고 불가역적 남북관계 형성을 위한 노력을 가속화해야 할 것이다

제언 3 우리정부는 북한이 국제사회의 일원으로 참여하는 데 우리의 노하우를 활용할 수 있도록 도움을 줄 수 있으나, 북한이 북한식 개혁개방을 모색 중이라는 점을 확인하고, 북한 개발의 주체가 북한임을 인정하여 무분별한 대북지원을 지양해야 할 것이다.

제언 4 우리정부는 100억 달러 규모의 남북한 통화스왑, 남북한 FTA 체결, 북한 전력공급 정상화, 남북한 고속철 연결, 북한개발 프로젝트를 위한 주식거래소 개설, 스마트시티 건설 등 6대 분야에서 경협사업을 추진해야 할 것이다.

제언 5 우리정부는 한국이 한미전략동맹의 관성에 편승하는 것은 더 이상 불가능하다는 것을 인정하고 우리의 국익에 기초하여, 경제와 안보, 남북관계와 동북아 국제관계, 한중관계와 한미관계를 동시에 관리해 나가야 할 것이다.

제언 6 우리정부는 '차이나 패싱'으로 중국의 소외감을 자극하지 말아야 할 것이며, '통일'보다는 '평화'와 '번영'의 담론을 우선하여 북한의 개혁개방이 가져올 이익을 중국과 공유하고, 미중, 북중, 한중 간의 신뢰 구축에서 시작하는 다자안보협의체 창설을 위해 중국과 협력해야 할 것이다.

제언 7 우리정부는 남북화해와 한일화해를 동시에 전개하여 북일수교를 추동하고, 한국, 북한, 일본으로 구성되는 핵심삼각형을 중심으로 위로 유라시아, 아래로 아세안을 연결하여 종축아시아 평화지대 창출을 위해 노력해야 할 것이다.

제언 8 우리정부는 낮은 단계의 평화공동체 구축을 초기 목표로 설정하여, 다자주의에 관심이 있는 일본, 러시아와 함께 다자협력 구상을 구체화하고 이에 북한, 중국, 미국을 끌어들이는 방법을 모색해야 할 것이다.

제언 9 우리정부는 한반도의 평화와 번영 건설에 아세안이 할 수 있는 역할이 긴요하다는 점을 고려하여 신남방정책의 경제중심적 한계를 극복하고, 그 효과적 수행을 통해 한반도에 대한 아세안의 관여를 증진시켜야 할 것이다.

제언 10 우리정부는 유럽 국가들이 미국과의 예민한 관계, 힘의 균형상 불리한 관계 속에서, 해야 하는 일보다 할 수 있는 일에 집중하여 미국의 규범보다 더 앞선 규범을 창출하는 방식으로 유라톰을 탄생시킨 경위에 착목하여 동아시아다자협력기구를 창출하기 위해 실질적인 노력을 기울여야 할 것이다.

집필자 약력 (가나다순)

고상두 **현재** 연세대학교 대학원 지역학협동과정 교수
이전 세계정치학회 연구분과위원장, 외교부 통일외교정책자문위원
한국슬라브학회 회장

김지운 **현재** 충남대학교 정치외교학과 교수
한국국제정치학회 국제정치논총 편집위원
이전 한국정치학회 연구이사, 미국 Webster University 부교수

남기정 **현재** 서울대학교 일본연구소 교수
외교부 정책자문위원
이전 국민대학교 교수, 일본 도호쿠대학교 교수

동용승 **현재** 굿파머스연구소 소장
이전 삼성경제연구소 경제안보팀장, 통일부 정책 자문위원

이재현 **현재** 아산정책연구소 연구위원
외교부 정책 자문위원
이전 국립외교원 객원교수, 한국동남아학회 국제이사

이혜정 **현재** 중앙대학교 정치국제학과 교수
이전 노르웨이 노벨연구소 초빙연구원, 미국 몬태나대학 맨스필드센터 방문교수

조은정 **현재** 국가안보전략연구원 부연구위원
이전 동북아역사재단 연구위원, 서울대 국제문제연구소 선임연구원
영국 워릭대학교 세계화·지역화 연구센터 객원연구원

조한범 **현재** 통일연구원 선임연구위원
통일부 정책자문위원
남북관계발전위원회 위원
이전 대통령직 인수위원회 자문위원